D1475268

INVERTIR *LOW COST*

Carlos Torres Blánquez

Invertir *low cost*

Nueve grandes estrategias
de inversión en acciones
para pequeños capitales

EMPRESA ACTIVA
Argentina - Chile - Colombia - España
Estados Unidos - México - Perú - Uruguay - Venezuela

Copyright © 2014 by Carlos Torres Blánquez
© 2014 *by* Ediciones Urano, S.A.
  Aribau, 142, pral. – 08036 Barcelona
  www.empresaactiva.com
  www.edicionesurano.com

ISBN: 978-84-96627-94-9
E-ISBN: 978-84-9944-700-1
Depósito legal: B-1.196-2014

Fotocomposición: Montserrat Gómez Lao
Impreso por: Romanyà-Valls – Verdaguer, 1 – 08786 Capellades (Barcelona)

Impreso en España – *Printed in Spain*

Para Chloe, mi gran pequeña

Esta obra pone a prueba algunos de los criterios de selección de acciones más recomendados, y contiene estrategias diseñadas por el autor para pequeños capitales. No pretende proporcionar asesoramiento financiero. Antes de tomar una decisión se recomienda al lector que haga un seguimiento de las carteras de valores en www.invertirlowcost.com para valorar la rentabilidad y el riesgo de estas, y que compare su evolución con la de los índices de referencia.

Índice

PRIMERA PARTE
INVERTIR EN ACCIONES

SEGUNDA PARTE
ALGUNOS CRITERIOS A EXAMEN

9

TERCERA PARTE
NUEVE RECOMENDACIONES

CUARTA PARTE
NUEVE GRANDES ESTRATEGIAS

Índice

Prólogo

Este no es un libro sobre invertir en Bolsa, sino sobre invertir en acciones. Ya que estos activos se compran y venden en ese mercado de segunda mano que llamamos bolsa, ¿cuál es la diferencia?

Cuando se «invierte en Bolsa», a menudo es para probar suerte o aprovechar la coyuntura, pero se olvida el verdadero sentido que tiene invertir en acciones: adquirir un derecho a participar en los beneficios de las empresas.

Salvo en los momentos de euforia y los de elevada inflación, las acciones son el mejor activo en el que podemos invertir nuestro dinero a largo plazo. El oro y las materias primas, aunque pueden equilibrar el patrimonio, no dan rendimientos, mientras que el dinero invertido en títulos de renta fija y depósitos bancarios pierde poder adquisitivo con la inflación.

Entre los años 2000 y 2012, a pesar de que la bolsa española fue dando tumbos, los dividendos pagados por las sociedades cotizadas aumentaron un 4,5 % anual por encima de la inflación. A aquellos inversores que pusieron el enfoque en los rendimientos más que en los precios, las acciones les proporcionaron una renta creciente. A veces la buena fortuna depende de cómo se plantean las cosas.

En períodos extensos, las acciones suben las dos terceras partes del tiempo y bajan la otra tercera parte. Así, todo el mundo que invierte en acciones debería ganar la mayor parte del tiempo. Entonces, ¿cómo es que tantas personas pierden dinero con estos activos? Con frecuencia es porque entran en las postrimerías de una fase bursátil alcista y venden hacia el final de una fase bajista, poco antes del inicio de la recuperación. Si alguien está un año en la fase alcista y dos en la bajista, se está jugando una verdadera mala pasada a sí mismo: sus acciones suben la tercera parte del tiempo y bajan las dos terceras partes del tiempo, al revés de lo que sucede con las acciones en la realidad.

Es cierto que algunos inversores venden en una fase bajista porque no les queda más remedio: en un contexto de caída inesperada de los ingresos, necesitan disponer de esos ahorros. Por eso, es mejor invertir solo los recursos que uno puede comprometer a largo plazo.

Este libro va destinado a las personas que disponen de poco capital, o que solo quieren invertir una parte de su dinero en activos de riesgo, y ven en las acciones un medio para obtener de sus ahorros una rentabilidad interesante a largo plazo, con el fin de construir un patrimonio, comprar una casa, prever su jubilación, etc.

En la cuarta parte, explico nueve estrategias que han dado buenos resultados entre marzo de 2006 y septiembre de 2013, un período que en su mayor parte ha sido muy complicado para las acciones. El lector podrá hacer un seguimiento de las mismas en www.invertirlowcost.com.

PRIMERA PARTE

INVERTIR EN ACCIONES

1

Ventajas de los pequeños capitales

Cuando alguien dispone de un pequeño capital, cree que no puede permitirse el «lujo» de diversificar entre un elevado número de acciones. En realidad, es preferible prescindir de ese lujo.

Un dicho popular recuerda que no hay que poner todos los huevos en la misma cesta. Pero diversificar en exceso (usar una cesta para cada huevo) no mejora los beneficios de esta actitud prudente, sino que adquiere los inconvenientes de todos los excesos.

Diversificar no significa «coger uno de aquí y otro de allá». Por ejemplo, comprar un valor de una empresa solvente, otro de una empresa muy eficiente, otro de una empresa que paga altos dividendos, etc. De este modo no se diversifica por valores, sino por criterios, y la diversidad de criterios equivale a la nulidad de criterio.

Desde mi punto de vista, diversificar significa comprar cierta cantidad de valores que cumplen un mismo criterio de selección. De esta manera, la diversificación actúa a favor de la rentabilidad porque da al criterio una mayor probabilidad de validez, o bien produce mayor estabilidad en los resultados, o bien ambas cosas a la vez.

Pero diversificar adecuadamente significa también comprar todos los valores que satisfacen un criterio. Si «quitamos de aquí y de allá», incluso si se hace de un modo razonado (no es una empresa segura, sus beneficios han caído, pertenece a un sector en declive, etc.), acabaremos por eliminar tantos valores de la selección que el criterio perderá sentido.

Me propuse que todas las estrategias dieran lugar a carteras con al menos cinco acciones (seleccionadas entre un universo de unos treinta valores) porque consideraba que este era el número mínimo recomendable. Para mi sorpresa, descubrí que era una cantidad óptima. Como regla general, más valores disminuían la rentabilidad, y menos, incrementaban la volatilidad.

En los treinta trimestres transcurridos entre marzo de 2006 y septiembre de 2013, el índice de la Bolsa generó pérdidas en dieciséis ocasiones, mientras que algunas de las estrategias produjeron resultados negativos en solo ocho trimestres. Esto indica que, a pesar de estar concentradas en pocos títulos, las carteras tuvieron un riesgo inferior al del mercado.

Ese menor riesgo estuvo acompañado de una mayor rentabilidad. Esta varió bastante según la estrategia, pero en todos los casos superó en varios puntos porcentuales al índice de referencia.

En definitiva, cuando se aplica un criterio de selección, es posible concentrar la cartera en pocas acciones y obtener al mismo tiempo una mayor rentabilidad y un menor riesgo que los índices de referencia, algo que los grandes capitales no pueden «permitirse» debido a su necesidad de repartir el riesgo.

Una cartera con pocos valores es, además, mucho más ágil que otra muy diversificada. Cuando las acciones que poseemos dejan de satisfacer nuestro criterio de selección, es preciso venderlas y comprar aquellas que sí lo cumplen, y no es lo mismo hacer cambios entre cinco títulos que entre veinte o más.

Si hay algo que no representan aquellas carteras que surgen de aplicar las estrategias que veremos en la cuarta parte, es al conjunto de teorías modernas de gestión de patrimonios. Por ejemplo, a veces casi todos los valores pertenecen al mismo sector. Pero quien tiene 2.500 euros y compra acciones de una sola compañía eléctrica para evitar pagar un sobrecoste en comisiones, ¿no estaría mejor invirtiendo, a través de un intermediario que le cobre unos gastos razonables, 500 euros en cinco compañías energéticas diferentes, en lugar de comprar en una sola? Sobre todo cuando se tiene en cuenta que las empresas de un mismo sector pueden evolucionar de modo tan dispar como empresas de diferentes sectores.

Dos de las estrategias que veremos suponen la formación de carteras de diez valores en un caso y de quince en el otro. Si bien son menos rentables que las de cinco valores, las he incluido porque tienen una excelente relación rentabilidad-riesgo. Si su prioridad absoluta es la diversificación, puede optar por una de las dos. Sin embargo, estas han sido pensadas para determinados estilos de inversión, y creo que la prioridad de un inversor debería ser la de seguir una estrategia acorde con su personalidad.

2

Cuánto se puede invertir en acciones

Lo primero que tenemos que hacer para invertir en acciones es abrir una cuenta de valores. Puede ser en un banco, en un banco *online* o en una agencia o sociedad de valores.

La cantidad mínima va a depender de las comisiones que nos cobre el intermediario con el que vayamos a trabajar. Esos gastos pueden diferir significativamente según la entidad, por lo que conviene elegir cuidadosamente el intermediario que más nos interesa.

Hay cuatro tipos de comisiones que debemos tener en cuenta: la de compraventa, la de custodia, la de cobro por dividendos y los cánones de Bolsa.

Comisión de compraventa de valores

Si las comisiones son demasiado altas en relación a la cantidad invertida en cada valor, se comerán una buena parte de nuestra rentabilidad.

Hay entidades que cobran un 0,2 % sobre el importe de la compra y de la venta y otras, hasta un 1 %. Es una diferencia importante, ya que una compraventa nos puede costar un 0,4 % en un caso y un 2 % en otro.

Pero cuando se trata de pequeños importes, lo que hay que vigilar en particular es la comisión mínima por operación, que suele estar entre los 9 y los 15 euros. Si invertimos 500 euros en cada valor y nos cobran un mínimo de 10 euros por cada compra y cada venta, pagaremos una comisión del 2 % en la compra y otro 2 % en la venta, de modo que la rentabilidad se verá disminuida en un 4 %.

Para que una comisión mínima de 10 euros nos suponga una comisión porcentual razonable, por ejemplo del 0,5 %, tenemos que invertir 2.000 euros por valor. Dado que el número mínimo recomendable de valores es de cinco, en este caso el capital no debería ser inferior a 10.000 euros.

La buena noticia es que hay entidades que no cobran comisión mínima, sino que aplican una comisión porcentual sobre cualquier importe. Si su capital es inferior a 10.000 euros, esta es la opción que más le conviene.

Comisión de custodia de valores

Aquí también vamos a encontrar grandes diferencias. Algunos intermediarios cobran comisiones más elevadas en la compraventa de títulos, pero más bajas en la custodia, y a la inversa. Por ejemplo, una entidad puede cobrar un 0,15 % anual sobre el saldo medio de cada título. Pero puede establecer un mínimo de 1,5 euros por título. Si el inversor tiene 2.500 euros repartidos en cinco acciones diferentes, pagaría unos 7,5 euros. Si vende algunas acciones y las cambia por otras, pagará 1,5 euros por cada acción diferente que haya tenido a lo largo del año. Si en total ha tenido diez acciones, pagará 15 euros durante el año.

Otras entidades cobran un porcentaje al mes sobre el saldo medio de los valores durante ese mes o un mínimo de 3 euros mensuales, con lo que la factura anual asciende a un mínimo de 36 euros. Para un capital de 2.500 euros, eso representa una comisión anual del 1,44 %. Pero si, en contrapartida, no nos cobran comisiones mínimas, valdrá la pena pagar estos euros de más por la custodia.

Comisión sobre el cobro de dividendos

Algunos intermediarios cargan una comisión porcentual bastante reducida sobre los dividendos que percibamos de nuestras acciones —del orden del 0,3 %—, pero la mínima puede ser de 6 euros, tal vez excesiva. Si hemos invertido 500 euros en un valor y nos pagan un dividendo semestral del 2 %, ingresaremos unos 10 euros. Si tenemos que pagar una comisión de 6 euros, ¡se nos llevarán un 60 %!

Por suerte, algunos intermediarios no cobran nada por este concepto porque lo incluyen en la comisión de custodia. Para pequeños capitales, esta es la opción más interesante.

Los primeros 1.500 euros recibidos por dividendos están exentos de tributar, lo cual puede compensar el sobrecoste de comisiones que podamos tener. Suponiendo un rendimiento medio por dividendos del 4 %, los capitales de menos de 37.500 euros no tienen que tributar por este concepto. Sin embargo, esta exención se aplica siempre y cuando las acciones se hayan conservado en cartera durante los dos meses anteriores o durante los dos meses siguientes a la fecha del pago del dividendo.

Aunque recomiendo actualizar las carteras una vez al trimestre o al menos una vez al semestre, en ocasiones tendremos que vender las acciones con menos de dos meses de diferencia respecto a la fecha de pago del dividendo, lo cual hará que los dividendos percibidos tributen. Pero eso no ocurrirá con mucha frecuencia porque normalmente solo habrá que cambiar uno o dos valores por trimestre y la mayoría de valores vendidos llevará cierto tiempo en cartera.

Comisiones del mercado

En cada operación de compra y de venta también hay que pagar dos comisiones al mercado de valores. La primera es el canon de contratación. Para una operación de hasta 300 euros, el cargo es de 1,10 euros. Para importes de entre 300 y 3.000 euros, es de 2,45 euros más un 0,024 % del importe. Para operaciones de entre 3.000 y 35.000 euros, de 4,65 euros más un 0,012 %. En segundo lugar, está el canon de liquidación que cobra el Servicio de Compensación y Liquidación de Valores. Se trata del 0,0026 % sobre el efectivo de la operación, con un mínimo de 0,10 euros y un máximo de 3,5 euros.

Por ejemplo, para una compra de acciones de Telefónica por un importe de 2.000 euros, el canon de contratación sería de 2,93 euros. El canon de liquidación resultante de aplicar el porcentaje indicado sería de 0,052 euros, de modo que se cargaría el mínimo de 0,10 euros. La suma de ambos conceptos sería del 0,1515 % sobre la operación.

Impuesto sobre las plusvalías

A efectos fiscales, la plusvalía es la diferencia entre el precio neto de venta menos el coste de la compra, o sea la plusvalía neta de comisiones. Las plusvalías pueden compensarse con las minusvalías pero hay que tener en cuenta que las ganancias de capital realizadas en menos de un año solo pueden compensarse con las pérdidas sufridas en el mismo período.

Las plusvalías hasta 6.000 euros están gravadas con un impuesto del 21 %. Sin embargo, si han sido realizadas en menos de un año tributan al tipo marginal del impuesto sobre la renta de las personas físicas (IRPF), o sea como mínimo al 24,75 %. Si esto le preocupa, puede actualizar su cartera únicamente una vez al año.

Suponiendo un rendimiento medio de la cartera del 4 % anual (y que obtenemos menos de 1.500 euros anuales en dividendos, de modo que quedaríamos exentos de tributar por este concepto) y una plusvalía media de la cartera del 12 % anual, un impuesto del 21 % sobre las plusvalías deja una rentabilidad neta del 13,5 % anual. Si todas las plusvalías se gravan al 25 %, la rentabilidad neta sería del 13 % anual.

Cantidad mínima que se puede invertir

Para saber cuál es la cantidad mínima que se puede invertir en acciones sin que las comisiones afecten demasiado a nuestra rentabilidad, hay que valorar tres factores: el primero, que es recomendable aunque no imprescindible, es tener una cartera con al menos cinco valores; el segundo es hacer cierta rotación de la cartera, vendiendo al final del trimestre los valores que han dejado de cumplir nuestro criterio para comprar los que sí lo cumplen y el tercero es que el total de comisiones no debe superar el 2 % del capital invertido.

Teniendo en cuenta estos factores, y que puede ser necesario sustituir uno o dos valores cada trimestre, considero que es posible empezar a tener una cartera de acciones a partir de un capital de 2.500 euros, siempre y cuando nuestro intermediario no nos cobre comisiones mínimas por compraventa ni sobre los dividendos.

A pesar del mayor número de valores de las carteras más diversificadas de las estrategias número tres y cinco, la rotación es similar a la de las carteras de cinco valores. Pero sería recomendable un mínimo de 3.000 euros en el caso de una cartera de diez valores y de 5.000 euros en una cartera de quince valores, para evitar una excesiva atomización del capital y en previsión de una posible mayor rotación en el futuro. Ahora bien, si su intermediario le cobra las comisiones que acabo de comentar, y además una comisión de custodia por cada valor, su capital tendría que ser más elevado.

3

¿Hay que tener miedo de la Bolsa española?

Entre 2008 y 2012, muchos inversores huyeron de la Bolsa española. Un buen número de expertos consideraron este mercado como conflictivo y recomendaron invertir en otras Bolsas europeas o de otros continentes.

Para entender el «conflicto» de la Bolsa española, imagine que tiene un amigo de un país llamado Stockland que le explica que la Bolsa de ese país da una rentabilidad media de un 20 % anual.

—Vaya suerte —le dice usted—. ¡En Stockland es fácil hacerse rico!

—¿Qué rentabilidad da la Bolsa española? —le pregunta su amigo.

—La mitad que en tu país, un 10 % anual.

—¿Y qué inflación tenéis?

—Un 4 % anual —le contesta usted.

—Entonces, en términos reales los inversores en Bolsa ganáis un 6 % anual, porque hay que restar la inflación.

—Ah, ¿y qué inflación tenéis en Stockland?

—Un 17 % anual —le contesta su amigo—. Así que en realidad no gano un 20 % anual sino un 3 % anual, la mitad que tú.

—¡Caramba! —exclama usted—. ¡Y yo pensaba que tú ganabas el doble que yo!

Entonces su amigo le hace una revelación que cambiará su vida.

—Pues, si quieres, puedes ganar cinco veces más que yo.

—¿De veras? —pregunta usted, incrédulo.

—Sí, lo único que tienes que hacer es invertir en la Bolsa de Stockland. Ganarás un 20 % anual, pero la inflación que tú tienes que soportar no es la de mi país, sino la del tuyo, que es del 4 %. Así que obtendrás una ganancia real del 16 % anual, más de cinco veces la que obtengo yo.

—Veamos —dice usted—, así que yo me beneficio de la inflación que hay en tu país.

—Eso es.

—Pero para invertir en la Bolsa de tu país, tengo que comprar la moneda de tu país. Y los países que tienen más inflación, tienen monedas más débiles. Como los productos que fabricáis en Stockland suben más que los de vuestros competidores, perdéis competitividad internacional y un día tendréis que devaluar vuestra moneda. Si eso ocurre, mis acciones de Stockland perderán valor en euros y lo que haya ganado de más lo perderé por este motivo.

—¿Es que no te has enterado? —le pregunta su amigo, asombrado—. Stockland va a adoptar el euro. No tienes que temer ninguna devaluación.

He exagerado las cifras, pero eso es lo que ha ocurrido con la Bolsa española en varias ocasiones. Antes de 1999 no existía el euro, pero sí el sistema monetario europeo donde las monedas tenían una banda de fluctuación muy estrecha y los países se comprometían a no devaluar. Esto, y el hecho de que la Bolsa española tuviera una rentabilidad más elevada que la de los países con menor inflación hacía que los inversores internacionales se lanzaran a comprar acciones españolas. Pero en cuanto corrían rumores de devaluación, todos se apresuraban en salir al mismo tiempo. Luego, cuando la peseta se devaluaba, regresaban de nuevo. Estos movimientos hacían que la Bolsa española la tuviera unas oscilaciones de vértigo.

A partir de 1995, la peseta logró estabilizarse frente a las principales monedas europeas. Desde entonces y hasta 2007 la bolsa española fue de las más rentables.

1995-2007	Rentabilidad nominal anual	Inflación anual	Rentabilidad real anual
España	18,10 %	3,14 %	14,96 %
Alemania	10,88 %	1,50 %	9,38 %
EE. UU.	12,21 %	2,64 %	9,57 %

Como en este período la moneda española no se devaluó, un inversor alemán que hubiera invertido en Bolsa española no habría sufrido pérdidas por el tipo de cambio. Si hubiera invertido en la Bolsa de su país, habría obtenido una rentabilidad real del 9,38 % anual. Si lo hubiera hecho en Bolsa española, habría obtenido una rentabilidad nominal del 18,10 % anual y habría sufrido la inflación de su propio país, que fue de un 1,50 % anual. Entonces habría ganado un 16,6 % anual en términos reales, una mejoría notable.

En cambio, ¿qué le hubiera ocurrido a un inversor español que hubiera invertido en Bolsa alemana? Habría obtenido la rentabilidad nominal de la Bolsa alemana, que fue del 10,88 % anual, pero habría padecido la inflación de su propio país, que fue del 3,14 %. Entonces, su rentabilidad real habría sido del 7,74 % anual, la mitad que si lo hubiera hecho en la Bolsa de su país.

A los inversores extranjeros les ha interesado invertir en Bolsa española porque esta ha presentado una rentabilidad nominal más elevada, en parte porque tradicionalmente la inflación en España ha sido más alta que en la mayoría de los países de donde procedían esos capitales. El problema, como ya he comentado, tenía lugar cuando esos inversores temían una devaluación. El euro acabó con ese temor pero ha traído otro más grave: la posible ruptura de la moneda única, lo que implicaría una devaluación particularmente traumática.

En el peor año de la crisis financiera, 2008, la Bolsa española cayó un 40 %, igual que el índice DAX de la Bolsa alemana y de forma similar a otras Bolsas. En 2009 hubo una gran recuperación, pero a partir de 2010 España volvió a sufrir la maldición que se pensaba había quedado erradicada con la llegada del euro: el miedo a una devaluación (de hecho, a una salida del euro) y a una repatriación masiva de capitales extranjeros. Por este motivo, la Bolsa española tuvo un comportamiento relativo mucho peor entre 2010 y la primera mitad de 2012.

Por desgracia, el temor a una ruptura del euro nunca desaparecerá mientras la inflación en España siga siendo más elevada que la de los países más competitivos, en particular Alemania. Desde que hay estabilidad cambiaria entre España y Alemania, o sea desde 1995, y hasta 2012, los precios han subido en España una media de un 1,3 % anual más que en Alemania. Esa diferencia de apariencia insignificante ha dado como resultado que en ese período de 18 años, los precios en España hayan aumentado un 26 % más que en Alemania. Antes, ese diferencial se corregía con una devaluación de la peseta, lo que hacía que los productos españoles volvieran a ser competitivos en los mercados internacionales.

Como ahora no es posible una devaluación cambiaria, sería necesario que los precios en España aumentaran a un ritmo menor que en Alemania en los próximos años con objeto de revertir esa diferencia. Y la insignificancia del 1 % anual se hace dolorosa: harían falta más de 20 años de una inflación de un 1 % anual menor que en Alemania para alejar del todo los temores a que España salga del euro; o bien un número menor de años con una deflación (caída de precios y salarios) lacerante.

Ni siquiera la crisis del euro sirvió para poner coto a la inflación: entre 2010 y 2012 los precios en España siguieron subiendo más que en Alemania, aunque la diferencia se estrechó a un 0,8 % anual. En estos años, pues, el problema no se corrigió, sino que continuó empeorando.

De hecho, ha tenido lugar una deflación de salarios pero la inflación ha seguido siendo relativamente elevada. Si España se ha tragado la amarga medicina que al menos tenía que curar los males causados por el descontrol de los precios, ¿por qué la inflación no ha remitido? En gran parte, porque la insolvencia de las administraciones públicas ha forzado un fuerte incremento de los impuestos.

Si en los años que vienen, ve usted que la inflación española sigue superando a la alemana, tenga presente que el riesgo de ruptura del euro irá en aumento, por mucho que parezca que la situación se ha tranquilizado.

¿Significa todo esto que debemos evitar la Bolsa española? No, creo que debemos aprender a convivir con esa amenaza permanente. Si uno espera a que la situación sea ideal para invertir, nunca hará nada, porque nunca hay situaciones ideales.

Si España saliera del euro, o si hubiera perspectivas creíbles de que eso fuera a suceder, la Bolsa se hundiría. Pero una vez fuera, o una vez desaparecidos los temores, la bolsa se recuperaría. La Bolsa española siempre ha subido después de una devaluación (o tras una serie de devaluaciones) porque esta ha permitido a las empresas recuperar de golpe la competitividad que habían estado perdiendo de forma progresiva en los años precedentes. Tras una salida del euro, seguramente volvería a ocurrir lo mismo.

En diciembre de 2012, el mercado español había recuperado casi todo lo perdido desde marzo de 2006 y también casi todo lo perdido desde que empezara la crisis del euro en el primer trimestre del 2010.

A pesar de estos años nefastos, el resultado global del período 1995-2012 continúa siendo positivo, más incluso que para la Bolsa alemana. El mérito pertenece a las empresas que han continuado progresando en tales circunstancias.

1995-2012	Rentabilidad nominal anual	Inflación anual	Rentabilidad real anual
Bolsa española	10,42 %	2,85 %	7,57 %
Bolsa alemana	7,40 %	1,55 %	5,84 %

En cambio, muchas personas lo han perdido casi todo en acciones preferentes, títulos de deuda subordinada, productos estructurados y otros activos comercializados por entidades financieras. Entonces, ¿qué hay que temer más? ¿La Bolsa, cuyos riesgos conocemos, o los productos que nos venden como totalmente seguros?

También hay que tener miedo de las múltiples instituciones de inversión que se aprovechan de la aversión al riesgo de la gente. Dos de las más infames fueron Fórum Filatélico y Afinsa, ambas intervenidas en mayo de 2006 tras haber estafado a cientos de miles de españoles. Uno de los aspectos más preocupantes relacionados con dichas entidades, que comercializaban sellos como activos de inversión, fue que ambas habían recibido múltiples premios nacionales e internacionales por parte de prestigiosas firmas de análisis.

En resumen, creo que es preferible invertir en empresas, que son activos reales y productivos, con sus más y sus menos, que en títulos de deuda de entidades insolventes, promesas de grandes ganancias y papeles diversos.

En las estrategias que comentaré en la cuarta parte, veremos cómo en el período 2008-2012 hubiera sido posible obtener rentabilidades positivas en un contexto de pérdidas generalizadas. Por este motivo, más que temer por el futuro de España y del euro, debemos aprender a convivir con la incertidumbre y hacer una selección de valores de acuerdo a un criterio que tenga sentido para nosotros.

4

La ley de la compensación

El error más común de un inversor principiante es empezar a invertir al final de un ciclo alcista, cuando tiene claro que la Bolsa es una excelente inversión, y salir antes de que acabe el ciclo bajista subsiguiente, cuando tiene claro que la Bolsa es una pésima inversión.

Con la experiencia, solemos aprender nuevas maneras de equivocarnos. Una de las más habituales consiste en apuntarse a la Bolsa extranjera que más sube.

Período	EE. UU.	España	Alemania
2000-2002	−23,2 %	−31,4 %	−58,4 %
2003-2007	77,4 %	215,7 %	178,9 %
2008-2012	13,5 %	−31,50 %	−5,60 %
2000-2012	**54,60 %**	**48,40 %**	**9,50 %**

En la tabla anterior figura la rentabilidad (plusvalías y dividendos) de las Bolsas de Estados Unidos, España y Alemania.

Entre 2000 y 2002, las bolsas sufrieron un largo ciclo bajista de tres años, en parte como consecuencia del estallido de la burbuja tecnológica.

Imaginemos que un inversor de Estados Unidos hubiera invertido en Bolsa alemana en el año 2000. Al cabo de tres años, hubiera perdido más del doble que si lo hubiera hecho en la Bolsa de su país. Entonces, disgustado, hubiera abandonado la Bolsa alemana y habría invertido en la de su país. En tal caso, en los cinco años siguientes hubiera ganado mucho menos de lo que hubiera podido ganar si no hubiera hecho el cambio.

Uno se cambia de Bolsa atraído por la mayor rentabilidad de la otra. Sin embargo, debido a la ley de la compensación, la otra se vuelve menos rentable. Entonces regresa a la Bolsa abandonada y la ley de la compensación actúa de nuevo... Uno acaba por acumular mal «karma bursátil». Eso mismo les ocurrió a los inversores extranjeros que invirtieron en Bolsa española atraídos por su elevada rentabilidad en el período 2003-2007 y que se salieron en la fase siguiente.

En todo el período de 2000 a 2012, la rentabilidad de la Bolsa estadounidense fue del 54,6 % en dólares pero en este período, el dólar cayó un 24 % ante el euro. Esto implica que la rentabilidad en euros fue del 17 %.

Sin embargo, si España no hubiera adoptado el euro, seguramente su moneda se habría devaluado un 25 %, de modo que invertir en Bolsas extranjeras habría sido más rentable de lo que ha sido.

En resumen, está bien diversificar en Bolsas de diferentes países si se hace de forma estable, pero no es buena idea ir saltando de Bolsa en Bolsa.

SEGUNDA PARTE

ALGUNOS CRITERIOS
A EXAMEN

1

¿Hay que comprar acciones con elevado rendimiento por dividendo?

El dividendo es la parte del beneficio que las sociedades pagan a sus accionistas. Por ejemplo, una empresa ha ganado 100 millones de euros y ha decidido repartir 50 millones de euros. Si el capital social de la empresa está dividido en 25 millones de acciones, a cada acción le corresponderá un dividendo de 2 euros.

El rendimiento por dividendo es el dividendo bruto (o sea, antes de impuestos) que paga una entidad por cada acción, en relación al precio de esta. Normalmente se tiene en cuenta el dividendo pagado en los últimos doce meses. Por ejemplo, si estamos en el mes de abril y la entidad ha pagado 2 euros de dividendo por acción en los doce últimos meses, y la cotización actual de la acción es de 40 euros, el rendimiento por dividendo es del 5 %.

A largo plazo, los dividendos suponen una parte considerable de la rentabilidad de las acciones. En el período de 50 años que va de 1963 a 2012, representaron alrededor del 40 % de la rentabilidad total de la Bolsa española y de la estadounidense.

Aunque de vez en cuando algunas sociedades reducen o suprimen su remuneración al accionista, una cartera con valores que pagan dividendos tendrá un rendimiento que normalmente irá al alza. Entre 1963 y 2012, las empresas de la Bolsa española han incrementado sus dividendos a un ritmo del 8,58 % anual de media, un 1,29 % anual por encima de la inflación. Desde 1980, el aumento ha sido de un 4,71 % anual superior a la inflación.

1963-2012	Plusvalía anual	Rendimiento por dividendos	Rentabilidad anual
Bolsa de España	6,55 %	4,73 %	11,28 %
Bolsa de EE. UU.	6,18 %	3,64 %	9,83 %

El hecho de que los dividendos acostumbren a aumentar más que la inflación supone una ventaja importante de las acciones frente a los depósitos bancarios y los bonos, ya que estos últimos productos financieros dan unos intereses fijos que van perdiendo poder adquisitivo. Las acciones son, pues, un excelente medio para obtener una renta con la que hacer frente a unos gastos que crecen con el coste de la vida.

Entonces, si los dividendos son importantes, ¿debemos comprar acciones con elevado rendimiento por dividendo? Es una estrategia de inversión que se recomienda con mucha frecuencia, sobre todo en épocas de mayor incertidumbre.

Para averiguar si este criterio de selección hubiese permitido superar la rentabilidad del mercado, calculé el rendimiento por dividendo de los últimos doce meses para todos los valores del IBEX-35 cada 31 de marzo y cada 30 de septiembre, entre el 31 de marzo de 2006 y el 30 de septiembre de 2011. Luego clasifiqué los 35 valores del IBEX de mayor a menor rendimiento y calculé la rentabilidad de cada uno de ellos en los seis meses siguientes.

**Estrategia basada en el rendimiento por dividendo
(marzo 2006-marzo 2012)**

Carteras	Valor de 100 € seis años después	Rentabilidad media anual
7 A	88,9 €	−1,93 %
7 B	107,8 €	1,26 %
7 C	81,4 €	−3,37 %
7 D	87,0 €	−2,29 %
7 E	50,8 €	−10,68 %
Referencias		
IBEX-35	90,5 €	−1,66 %
Media 35	82,7 €	−3,12 %

En la tabla anterior, 7 A significa una cartera compuesta por los siete valores con mayor rendimiento por dividendo al principio de cada uno de los semestres indicados. 7 B es una cartera compuesta por los siguientes valores con mayor rendimiento, y así sucesivamente hasta la 7 E, que contiene los siete valores con menor rendimiento. Los datos correspondientes al IBEX-35 hacen referencia a lo que obtendría un inversor con una cartera con la misma composición y ponderaciones que el IBEX-35 (en el IBEX-35, las entidades más grandes tienen más peso, de modo que se habría invertido más dinero en Telefónica, por ejemplo, que en una empresa más pequeña como Indra). Los datos correspondientes a Media 35 hacen referencia a lo que obtendría un inversor con una cartera repartida a partes iguales entre los 35 valores del IBEX-35 (por ejemplo, invertiría la misma cantidad en Telefónica que en Indra). Es más apropiado comparar los resultados de las carteras con los de la Media 35 porque en las carteras el capital está dividido a partes iguales entre los siete valores seleccionados.

En la tabla se puede ver que una cartera con los valores con mayor rendimiento por dividendo habría dado una rentabilidad de −1,93 % anual entre el 31 de marzo de 2006 y el 31 de marzo de 2012, casi la misma que la del IBEX-35 y algo mejor que la de la media de los 35 valores.

Así pues, esta estrategia no habría dado unos resultados demasiado satisfactorios.

Lo que sí parece claro es que conviene evitar, como grupo, las acciones con menor rendimiento: invertir de modo sistemático en este tipo de valores generaría una rentabilidad media del −10,68 % anual frente a un −3,12 % anual de la referencia del mercado. En solo seis años, 100 euros se habrían convertido en 50,8 euros, una pérdida de casi el 50 %. A ese ritmo, ¡el capital acabaría por desaparecer!

Esto no significa que debemos evitar un valor que figure en este último grupo. Si dicho valor resulta seleccionado con otro criterio válido, no tenemos por qué descartarlo. De hecho, nunca habrá un valor que cumpla todos los criterios al mismo tiempo.

Estos resultados se basan en los dividendos totales, no solo en los ordinarios, es decir, tienen en cuenta dividendos extraordinarios abonados por la sociedad de forma puntual. Era de esperar que los resultados mejorarían al tener en cuenta solo los ordinarios, ya que el concepto de rendimiento tiene mucho más sentido cuando se consideran solo los pagos regulares. Sin embargo, los resultados fueron muy similares.

2

¿Vale la pena comprar euros a ochenta céntimos?

Con la expresión «no hay duros a cuatro pesetas» se quiere decir que hay que sospechar de las gangas. Sin embargo, son muchos los inversores, especialmente los que siguen los preceptos del *investment value* (inversión de acuerdo con criterios de valor), que creen que siempre es posible encontrar gangas en la Bolsa, incluyendo duros a... tres pesetas.

Un criterio de valor es aquel que trata de determinar si unas acciones están infravaloradas o no, o sea si estas cotizan por debajo de su valor real. Uno de los criterios de valor más comunes es la relación entre el precio y el valor contable.

El valor contable de las acciones de una sociedad es el resultado de dividir el patrimonio neto de la entidad (más concretamente, el patrimonio neto atribuido que explico en el apartado *¿Son rentables las acciones de las entidades más rentables?*) por el número de acciones de su capital social. Como el patrimonio neto es lo que quedaría si la sociedad fuera liquidada, es decir, si vendiera todos sus bienes, cobrara todo lo que le deben y pagara todas sus deudas, se considera que una acción debería cotizar como mínimo a un precio similar a su valor contable. Como mínimo, porque una empresa vale más que su patrimonio neto. Su posición en el mercado, su capacidad para generar beneficios futuros, etc., son aspectos cuyo valor no queda reflejado en los libros de contabilidad.

Desde este punto de vista, si las acciones de una empresa o un banco tienen un precio inferior a su valor contable, están infravaloradas, y en algún momento del futuro su precio debería subir no solo hasta su valor contable sino por encima de este. Una sociedad cuyas acciones cotizaran un 20 % por debajo de su valor contable (un duro a 4 pesetas) debería tener un recorrido al alza significativo. No es raro encontrar empresas, y sobre todo bancos, que coticen a la mitad de su valor contable (un duro a 2,5 pesetas). ¿Vale la pena comprar esas gangas?

En la siguiente tabla, 7 A es una cartera compuesta por los siete valores con la menor relación entre el precio y su valor contable, o sea, los más baratos desde este punto de vista. La rentabilidad de dicha cartera, que habría sido actualizada cada 31 de marzo y cada 30 de septiembre a lo largo de seis años, habría sido negativa en un 1,94 % anual.

A diferencia del dicho popular, sí hay duros a 4 pesetas, y también a 2,5 pesetas, pero no vale la pena ir tras ellos.

Estrategia basada en el valor contable (marzo 2006-marzo 2012)

Carteras	Valor de 100 € seis años después	Rentabilidad media anual
7 A	88,9 €	−1,94 %
7 B	52,2 €	−10,27 %
7 C	69,7 €	−5,84 %
7 D	125,7 €	3,88 %
7 E	81,1 €	−3,44 %
Referencias		
IBEX-35	90,5 €	−1,66 %
Media 35	82,7 €	−3,12 %

3

¿Es cierto que los valores que más caen son los que mejor se recuperan?

Una propuesta de selección de valores consiste en elegir las acciones que más han caído en el año precedente. Suele esperarse que estos valores, al haber sido excesivamente penalizados, tengan un comportamiento más positivo que el resto en el año siguiente.

Estrategia basada en la plusvalía de los últimos 12 meses (marzo 2006-marzo 2012)

Carteras	Valor de 100 € seis años después	Rentabilidad media anual
7 A	86,4 €	−2,39 %
7 B	89,0 €	−1,93 %
7 C	79,9 €	−3,66 %
7 D	73,6 €	−4,99 %
7 E	69,4 €	−5,92 %
Referencias		
IBEX-35	90,5 €	−1,66 %
Media 35	82,7 €	−3,12 %

Para comprobar si esta expectativa se cumple en la realidad, cada 31 de marzo y cada 30 de septiembre ordené los 35 valores del IBEX según la plusvalía que habían experimentado a lo largo de los doce últimos meses anteriores y calculé la rentabilidad media de cada tramo de siete valores en los siguientes seis meses. El primer tramo (7 A) está compuesto por los siete valores del IBEX con mejor evolución en los doce meses anteriores y el último (7 E), por los siete valores con peor evolución.

Una cartera compuesta por los siete valores con peor comportamiento (7 E) en los doce meses precedentes habría generado una pérdida del 5,92 % anual de promedio durante el período de seis años considerado. Así, no resulta recomendable comprar acciones *solo* porque han caído fuertemente de precio. Eso no significa que si un valor cumple nuestro criterio de selección y nos lo encontramos en las últimas posiciones en la tabla por plusvalías, tengamos que descartarlo.

¿Qué ocurre si se tiene en cuenta la plusvalía de los seis meses anteriores? Los resultados, que podemos ver en la siguiente tabla, se invierten: el grupo de acciones con peor comportamiento en los últimos seis meses es el que acostumbra a evolucionar relativamente mejor en los seis meses siguientes, aunque no mucho mejor que el mercado. En cambio, el grupo de valores que más ha subido en los seis meses anteriores es el menos rentable a continuación.

Estrategia basada en la plusvalía de los últimos 6 meses
(marzo 2006 - marzo 2012)

Carteras	Valor de 100 € seis años después	Rentabilidad media anual
7 A	65,4 €	−6,83 %
7 B	87,7 €	−2,16 %
7 C	68,6 €	−6,09 %
7 D	82,3 €	−3,19 %
7 E	98,6 €	−0,23 %
Referencias		
IBEX-35	90,5 €	−1,66 %
Media 35	82,7 €	−3,12 %

¿A qué pueden deberse las diferencias al considerar plusvalías de seis o doce meses? Probablemente, a que una caída del precio de unas acciones a lo largo de un período prolongado puede revelar problemas duraderos (aunque no necesariamente irremediables). En cambio, una caída más breve puede ser atribuible a dificultades más puntuales. Pasa un poco como con los artículos que llevan mucho tiempo rebajados sin que nadie los compre. Puede que no haya nada malo con ellos pero lo más probable es que tengan que bajar aún más de precio para que alguien se anime a comprarlos.

Casi todas las acciones que están en el grupo con peor evolución en los últimos meses van recuperando posiciones con el tiempo. No están condenadas a estar siempre ahí, pero con frecuencia les cuesta salir de ese rincón de la tabla.

Cabría preguntarse si los resultados se vuelven más significativos si tenemos en cuenta la rentabilidad de los últimos meses en vez de solo la plusvalía. En efecto lo son, pero solo ligeramente. Por simplicidad, he preferido presentar los resultados basados únicamente en las plusvalías.

4

¿Son rentables las acciones de las entidades más rentables?

En principio, si uno compra acciones de entidades que obtienen una elevada rentabilidad sobre su capital, también podrá obtener una elevada rentabilidad sobre su propio capital.

Una de las medidas utilizadas para saber si una empresa o banco es rentable consiste en comparar sus beneficios con sus fondos propios. Se trata de la rentabilidad sobre recursos propios o ROE, siglas de *Return On Equity*. Los fondos propios son la suma del capital de la sociedad (que es la cantidad originariamente invertida por los fundadores más las ampliaciones de capital que han realizado los gestores para recaudar nuevos fondos) y de los beneficios reinvertidos en la propia entidad, es decir, aquellos beneficios que no se han repartido como dividendos. A veces se hace referencia a los recursos propios simplemente como capital.

En los bancos, los fondos propios incluyen algunos conceptos poco ortodoxos, como la deuda subordinada y las acciones preferentes. La deuda subordinada, como su nombre indica, es deuda, pero los bancos la contabilizan como recursos propios porque solo están obligados a pagarla si aún les quedan beneficios después de pagar todas las demás deudas que tienen. Las acciones preferentes, a diferencia de las acciones comunes, garantizan a su titular el cobro de un dividendo fijo, pero que el banco solo paga si obtiene beneficios suficientes tras pagar a todos sus acreedores, incluidos los que tienen títulos de deuda subordinada. Así que el nombre de «preferentes» solo quiere decir preferencia respecto a los accionistas ordinarios.

Dicho sea de paso, cuando compramos acciones en Bolsa, lo que hacemos es adquirir acciones ordinarias o comunes. Nos convertimos en accionistas ordinarios y somos los últimos de la cola a la hora de cobrar. Así que invertir en acciones comunes significa ponerse a sí mismo al final de la fila. Algo que debe hacernos preocupar un poco por la solvencia de las entidades.

A este respecto, quizá el lector se preguntará por qué las acciones preferentes han dado muchos más problemas que las acciones comunes, si las primeras tienen preferencia sobre las segundas. La respuesta es simple: las acciones preferentes suelen ser emitidas por entidades con problemas que quieren crear productos de apariencia segura.

Volviendo a nuestro tema, podemos encontrar la cifra de los recursos propios en el balance de situación consolidado de la sociedad bajo la denominación «patrimonio neto atribuido a la entidad dominante». La entidad dominante es la sociedad matriz. En cuanto a las filiales (las «hijas» de la sociedad «madre»), se les suele llamar dependientes cuando la matriz posee más de la mitad del capital de las mismas. En las cuentas consolidadas, la sociedad matriz suma todo el patrimonio neto de las dependientes al suyo propio. Esta cifra la encontramos en el balance de situación de la sociedad matriz como «patrimonio neto». Pero al hacer esto, la sociedad está contando como patrimonio neto propio una parte que corresponde a los accionistas minoritarios de las filiales. Por eso, bajo la línea correspondiente al patrimonio neto figura la partida «patrimonio neto atribuido a minoritarios» o «intereses minoritarios». La diferencia entre el patrimonio neto y esos intereses minoritarios es el «patrimonio neto atribuido a la sociedad dominante», que es la cifra que tenemos en cuenta al calcular la ROE.

En cuanto al beneficio utilizado en este ratio, pasa algo parecido. En la cuenta de resultados consolidada, se suma el beneficio neto de la sociedad matriz con el beneficio neto de todas las sociedades dependientes (aquellas de las que la matriz posee más de la mitad del capital). Esta cifra es el beneficio o resultado neto. Pero una parte del beneficio neto de las filiales corresponde a accionistas minoritarios de estas: es lo que encontraremos como «resultado atribuido a accionistas minoritarios». La diferencia entre el resultado neto consolidado y esos resultados que pertenecen a los minoritarios es el «resultado atribuido a la entidad dominante», a veces llamado «beneficio neto atribuido» o «beneficio neto atribuible».

Ahora ya tenemos los dos elementos que intervienen en la ROE. Este ratio es el beneficio neto atribuido dividido por el patrimonio neto atribuido.

En teoría, cuanto mayor sea la ROE, mayor será la rentabilidad que está obteniendo la sociedad de sus recursos propios. Vamos a ver los resultados que habría conseguido un inversor que a partir de marzo de 2006, y a lo largo de seis años, hubiese formado una cartera con los siete valores del IBEX con mayor ROE y actualizado dicha cartera dos veces al año (cada 31 de marzo y cada 30 de septiembre).

Estrategia basada en la ROE (5 tramos)
(marzo 2006-marzo 2012)

Carteras	Valor de 100 € seis años después	Rentabilidad media anual
7 A	98,7 €	−0,21 %
7 B	121,3 €	3,27 %
7 C	67,4 €	−6,35 %
7 D	66,1 €	−6,66 %
7 E	60,0 €	−8,16 %
Referencias		
IBEX-35	90,5 €	−1,66 %
Media 35	82,7 €	−3,12 %

La rentabilidad de esta cartera habría sido de −0,21 % anual, tres puntos por encima de la rentabilidad media del mercado, aunque solo ligeramente mejor que la del IBEX.

En la tabla anterior, puede verse que el segundo grupo fue mejor que el primero. Esto nos revela un problema de la ROE: un valor muy alto de este ratio puede significar que la entidad carece de suficientes recursos propios. Esto puede ocurrir, por ejemplo, si la entidad reparte casi todos sus beneficios como dividendos y apenas reinvierte en el propio negocio.

Si dividimos los valores del IBEX en dos grupos, el primero formado por los catorce valores con mayor ROE (14 A) y el segundo formado por los valores restantes (21 B), sí se aprecia una diferencia notable. El primer grupo habría sacado una ventaja del 4,72 % anual sobre la media del mercado, mientras que el segundo se hubiera comportado significativamente peor.

Este resultado es interesante, ya que permite diseñar una cartera muy diversificada (14 valores) de la que puede esperarse una rentabilidad superior a la del mercado. Sin embargo, en la cuarta parte veremos un criterio de rentabilidad corporativa que permite obtener mejores resultados, aunque solo es aplicable a las empresas no financieras. Este es el principal motivo por el cual decidí descartar bancos y aseguradoras del universo de valores a seleccionar.

Estrategia basada en la ROE (2 tramos)
(marzo 2006-marzo 2012)

Carteras	Valor de 100 € seis años después	Rentabilidad media anual
14 A	110,0 €	1,60 %
21 B	64,5 €	−7,04 %
Referencias		
IBEX-35	90,5 €	−1,66 %
Media 35	82,7 €	−3,12 %

5

¿Es seguro comprar acciones de las empresas más seguras?

Invertir en entidades solventes se considera seguro. Al menos, uno puede esperar de ellas que no quiebren y no le hagan perder todo el dinero.

Se entiende por «solvencia» la capacidad para pagar las deudas. Una posible manera de medirla es a través de la relación entre el activo y el pasivo. Cuanto mayor sea el activo respecto al pasivo, mayor será la cobertura de los bienes y derechos de la entidad en relación a sus obligaciones. El problema con este criterio es que el activo de una empresa puede estar sobrevalorado. Por ejemplo, la sociedad puede haber contabilizado activos a un precio superior al de mercado o puede tener un número elevado de clientes morosos.

Otro posible criterio consiste en relacionar el patrimonio neto con el pasivo. Pero el problema es el mismo. Como el patrimonio neto es la diferencia entre el activo y el pasivo, si el primero está sobrevalorado, el patrimonio neto también lo estará.

Hay que tener en cuenta que en el activo no siempre hay lo que una entidad tiene, sino a veces lo que no tiene; por ejemplo, facturas pendientes de cobro. Por eso, es mejor pensar en el activo como el conjunto de derechos de la sociedad. En un banco, la mayor parte del activo está formado por créditos a la clientela. ¡Un banco tiene muchos derechos pero tiene muy poco!

El pasivo está formado en parte por dinero que la sociedad tiene. Por ejemplo, si esta ha pedido un crédito, tendrá ese dinero en su cuenta. Así, es mejor pensar en el pasivo como el conjunto de obligaciones. En un banco, la mayor parte del pasivo está formado por los depósitos de su clientela. ¡Casi todo lo que «posee» el banco lo debe a sus clientes!

De modo que el activo de un banco no se puede comparar con el de una empresa. Cuando ordenamos los valores del IBEX según la relación entre el activo y el pasivo, todos los bancos están en los últimos puestos de la clasificación porque en sus balances hay muy poca diferencia entre ambas partidas.

Un banco es solvente si tiene un elevado nivel de *core capital* (capital principal) en relación a sus activos ponderados por riesgo. El *core capital* no es más que el capital en sentido estricto, o sea el capital y los beneficios no distribuidos, tal como se define en las empresas. Es decir, sin los llamados productos «híbridos», como las acciones preferentes y la deuda subordinada, que el banco solo se compromete a pagar si las cosas le van realmente bien. En cierto sentido, esos productos son como las acciones comunes, de modo que el banco se los apunta directamente como recursos propios.

Así, cuando queremos comparar la solvencia, tenemos que hacerlo o bien entre empresas o bien entre entidades financieras.

El criterio que más se emplea para comparar la solvencia entre empresas es el que relaciona la deuda financiera neta con el beneficio de explotación.

La deuda financiera es la cantidad que la empresa debe a quienes le han prestado dinero, es decir, a los bancos, por un lado, y a los inversores que han comprado títulos de deuda de la empresa, por otro lado. No incluye la deuda a proveedores.

Podemos encontrar la deuda financiera en el balance de situación consolidado. Es la suma de dos partidas. La primera está en el pasivo no corriente con el nombre de «pasivos financieros no corrientes», que es la deuda financiera a largo plazo. La segunda, en el pasivo corriente, con el nombre de «pasivos financieros corrientes» o deuda financiera a corto plazo.

La deuda financiera neta es la deuda financiera menos el dinero que la sociedad tiene disponible, porque se considera que la empresa podría pagar una parte de la deuda con ese dinero.

El beneficio de explotación es el beneficio de las operaciones de la empresa: los ingresos menos los gastos menos las amortizaciones. No tiene en cuenta el resultado financiero (que está formado sobre todo por los intereses de la deuda) ni los impuestos. Por eso también se le llama «beneficio antes de intereses e impuestos».

Cuanto menor es la relación entre la deuda financiera neta y el beneficio de explotación, mayor es la capacidad de la empresa para liquidar su deuda: más solvente es.

Para ver si una cartera compuesta por las empresas con mayor solvencia del IBEX-35 daría una mayor rentabilidad que el mercado, ordené las empresas pertenecientes a este índice de acuerdo con el valor del ratio mencionado y las dividí en cinco grupos, con cinco valores en cada uno de los primeros cuatro grupos. En tanto que a lo largo del período considerado, el número de empresas del IBEX-35 ha variado entre 27 y 30, el quinto grupo está formado por entre 7 y 10 valores. Este grupo es el identificado como 7-10 E.

Estrategia basada en la solvencia
(marzo 2006-marzo 2012)

Carteras	Valor de 100 € seis años después	Rentabilidad media anual
5 A	87,2 €	−2,26 %
5 B	78,1 €	−4,04 %
5 C	150,1 €	7,00 %
5 D	101,5 €	0,25 %
7-10 E	57,4 €	−8,84 %
Referencias		
IBEX-35	90,5 €	−1,66 %
IBEX empresas	90,0 €	−1,74 %

Estos resultados se comparan mejor con la rentabilidad media de las empresas del IBEX-35, más que con la del propio índice, ya que este incluye bancos. Pero se da la circunstancia de que en el período considerado, la rentabilidad del índice y la de la media de las empresas del índice fue muy similar.

El grupo 5 A, una cartera formada por las empresas más solventes del índice y actualizada de forma semestral, no hubiera permitido obtener ventaja alguna sobre el mercado.

Pero está claro que una cartera compuesta por acciones de las empresas menos solventes hubiera dado una rentabilidad muy inferior a la del mercado. Cada 100 euros invertidos el 31 de marzo de 2006 en una cartera de estas características se hubieran convertido en solo 57,4 euros seis años después.

Llama la atención que una cartera compuesta por las empresas con una solvencia media se hubiera comportado francamente bien. La ventaja respecto a la media de referencia hubiera sido de un 8,74 % anual de promedio. En términos acumulados, 100 euros se habrían convertido en 150,1 euros al cabo de seis años, ¡un 80 % más que si se hubieran invertido en una cartera con las diez empresas más solventes!

Así, podemos decir que buscar refugio en la seguridad no resulta especialmente seguro, pero que sí conviene evitar como grupo aquellos valores más inseguros.

6

La mítica relación precio-ingresos

Este criterio de selección está considerado como uno de los más fiables por un gran número de inversores. Es una alternativa a la relación precio-beneficio que veremos más adelante, pero solo se puede aplicar a las empresas.

Los ingresos de las empresas no pueden compararse con los de los bancos o los de las compañías de seguros. Los ingresos de los bancos son el margen bruto, que básicamente está formado por intereses y comisiones. Los de las compañías de seguros son, sobre todo, las primas que cobran a sus asegurados, y con las cuales habrán de hacer frente a eventuales reclamaciones.

En las empresas, la cifra de ingresos que tenemos que considerar es la de los ingresos operativos, es decir, aquellos que la empresa obtiene con el normal desarrollo de sus actividades. Excluye, por tanto, ingresos extraordinarios como la venta de un inmueble.

Muchos inversores se sienten más cómodos con los ingresos operativos que con los beneficios porque los primeros son un dato objetivo mientras que el beneficio es un concepto contable cuya cuantía depende de la política de amortizaciones, de las provisiones, del resultado financiero, etc. Además, el beneficio puede incluir resultados extraordinarios que pueden distorsionarlo, ya que estos no se repiten de forma regular en el tiempo.

Encontrar los ingresos operativos de una empresa es muy sencillo: es la primera línea de la cuenta de pérdidas y ganancias consolidada, la que dice «importe neto de la cifra de negocio». Cuando consultemos las cuentas del primer semestre, solo encontraremos los ingresos del primer semestre. Para conocer los ingresos de los últimos doce meses, tendremos que sumar los correspondientes al segundo semestre del año anterior con los del primer semestre del año en curso.

Una vez tenemos los ingresos de doce meses, ya sean anuales o interanuales, podemos calcular los ingresos por acción. Para ello, buscaremos el número de acciones de la empresa, por ejemplo en la página web de la Bolsa de Madrid. Seguidamente dividiremos los ingresos operativos por el número de acciones. Hay que tener en cuenta que si los ingresos están expresados en miles de euros, el número de acciones debe estar expresado en miles de unidades.

Cuando tenemos los ingresos por acción, dividimos el precio de la acción por esta cifra y obtendremos la relación precio-ingresos.

Una cartera compuesta por las cinco empresas cuyas acciones tenían una menor relación precio-ingresos (5 A) y actualizada de forma semestral, hubiera tenido una rentabilidad media del 0,93 % anual en el período de seis años considerado, solo algo mejor que la referencia del mercado.

Podemos concluir que, al menos en el período de marzo de 2006 a marzo de 2012, este criterio no hubiera sido demasiado interesante.

Estrategia basada en la relación precio-ingresos
(marzo 2006-marzo 2012)

Carteras	Valor de 100 € seis años después	Rentabilidad media anual
5 A	105,7 €	0,93 %
5 B	88,9 €	−1,95 %
5 C	65,0 €	−6,93 %
5 D	99,6 €	−0,07 %
7-10 E	88,3 €	−2,05 %
Referencias		
IBEX-35	90,5 €	−1,66 %
IBEX empresas	90,0 €	−1,74 %

TERCERA PARTE

NUEVE RECOMENDACIONES

1

Invierta según su personalidad

Un criterio de selección óptimo debe estar acorde con la personalidad del inversor. Uno debe sentirse cómodo aplicando una estrategia, como si a través de la misma expresara su forma de ser.

Personalidad	Estrategia
Tiene espíritu de contradicción	*Contrarian*
Necesita seguir el consenso	Consenso relativo
Huye de posiciones extremas	Término medio
No acaba de decidirse	Contrapunto
Busca aprovechar las oportunidades	Valor
Le gusta seguir la tendencia	Valor al alza
Quiere estar donde hay movimiento	Doble consenso
Tiene sentido práctico	Pragmática

He diseñado las estrategias para que cada rasgo de la personalidad se canalice de un modo positivo. Por ejemplo, una persona con espíritu de contradicción puede sentirse impulsada a comprar las acciones que más bajan de precio porque cree que la mayoría de inversores suele equivocarse. Pero esta manera de actuar no da buenos resultados. En cambio, este rasgo puede canalizarse de un modo positivo si el inversor compra las acciones más baratas, o sea las menos valoradas por el mercado, según cierto criterio de selección.

Otras personas necesitan que los valores que compran estén bien considerados por los expertos y el mercado en general. Se sienten mal llevando la contraria. En este caso, pueden llegar a comprar acciones sobrevaloradas. Pero la misma tendencia puede hallar un catalizador positivo si el inversor acepta una solución de equilibrio.

Como ocurre en la vida, algunas actitudes que son positivas en sí mismas pueden producir resultados negativos. Se trata de encontrar un estilo de inversión que evite precisamente eso.

Pero hay un rasgo no optativo en el carácter de un inversor: la disciplina. Algunas personas la asocian con un carácter obsesivo, rígido o perfeccionista. No tiene nada que ver con eso. Tal como yo la entiendo, significa dos cosas. En primer lugar, tener constancia, lo que en este caso significa actualizar las carteras al final de cada trimestre, o al principio del siguiente, por ejemplo el 31 de marzo o el 1 de abril. Si usted no quiere cambiar su cartera con periodicidad trimestral puede hacerlo semestralmente. Los resultados globales mejoran con cambios trimestrales, pero también son buenos si las carteras se actualizan alrededor del 31 de marzo y del 30 de septiembre (estas son las fechas de referencia porque en ellas se conocen todos los estados financieros de las sociedades cotizadas correspondientes al semestre precedente).

En segundo lugar, la disciplina significa seguir el objetivo que nos hemos marcado sobre todo cuando las cosas no parecen ir a nuestro favor. En el anexo a cada apartado de la cuarta parte, el lector podrá ver una tabla en la que figura la rentabilidad trimestral de cada estrategia y su ventaja respecto a la referencia del mercado. Podrá comprobar que los resultados negativos, ya sea en términos absolutos o comparativos, tienden a concentrarse en el tiempo. Luego, en cambio, vienen rachas positivas. Vale la pena recordar esto cuando estemos tentados de abandonar.

En definitiva, el éxito de una estrategia depende no solo de los resultados de la misma, sino también de la disciplina con la que el inversor la siga, y es mucho más fácil ser disciplinado en una tarea en la que uno siente que está actuando conforme a su carácter o a valores personales.

2

Sea fiel a su criterio

Como acabo de comentar, todas las estrategias presentadas producen buenos resultados, pero quedan rezagadas respecto a otras durante algunos períodos de tiempo, que pueden ser extensos. Esto puede tentarle a cambiar a la estrategia que mejor está funcionando en este momento, al igual que algunos conductores cambian continuamente de carril en una autopista cuando hay un atasco. Esta manera de actuar puede enseñarle que la estrategia que mejor funcionaba se queda atrás y que la que se había quedado atrás es la que más adelanta. De nuevo, la ley de la compensación.

Cambiar continuamente de criterio puede eliminar las ventajas de cada estrategia y llevar a un resultado igual al del mercado, a pesar de haber estado aplicando continuamente estrategias con buenos resultados, una paradoja que sería una lástima que se aplicara a sí mismo.

3

Tenga un objetivo a largo plazo

Es importante que sus inversiones sirvan a un objetivo a largo plazo, como comprar una casa en el futuro, pagar la universidad de sus hijos, ahorrar para su jubilación u obtener un capital que le dé una renta. Si se centra en el corto plazo y le pilla una mala época en Bolsa, como las que hemos atravesado en varias ocasiones entre los años 2000 y 2012, abandonará cuando el destino le sea desfavorable, pero no se aprovechará de la buena fortuna que le estaba aguardando.

4

Piense en términos de ventaja relativa

Si tiene un objetivo a largo plazo, le será mucho más fácil y gratificante plantearse sus inversiones como una estrategia. Una estrategia no consiste en dar siempre un paso adelante, porque eso no es posible, sino en tomar ventaja respecto a nuestro «adversario», que es el índice de la Bolsa o la referencia que tomemos, como la media de todos los valores sobre los cuales hacemos la selección. Cuando el índice da un paso adelante, hay que intentar ir un poco más lejos. Cuando da un paso atrás, que nuestro retroceso sea menor. Es así, obteniendo pequeñas ventajas de modo consistente, cómo al cabo de unos años algunas de las estrategias que veremos a continuación permitieron llegar el doble de lejos que la referencia del mercado.

Si en un trimestre, el índice pierde un 20 % y usted pierde el 10 %, tiene que verlo como una victoria. Si en el trimestre siguiente, tanto el índice como usted ganan un 20 %, el índice se quedará con una pérdida acumulada del 4 % (de 100 cae a 80 y luego sube a 96). En cambio, usted tendrá una ganancia del 8 % (de 100 ha pasado a 90 y luego a 108). Si usted lo ve como una derrota y sale de la Bolsa, pierde la ventaja relativa que ha obtenido y la posibilidad de seguir obteniendo ventajas adicionales.

5

Aproveche sus limitaciones

Si dispone de pocos recursos, no se perjudique a sí mismo aplicando principios de inversión diseñados para los grandes patrimonios. Si tiene que pensar en diversificar por sectores, sentirá la necesidad de comprar una buena cantidad de valores para que ese criterio sea coherente, pero puede que su capital no le llegue para eso. Entonces nunca encontrará el momento adecuado para invertir.

Las carteras seleccionadas a partir de las estrategias de la cuarta parte no cumplen esos principios de inversión pero dan resultado. Así que utilice en su provecho las ventajas de sus limitaciones en vez de dejarse intimidar por la sabiduría financiera convencional.

Por ejemplo, está en boga decir que el criterio de la relación precio-beneficio (que veremos en la primera estrategia) solo sirve para seleccionar entre empresas de un mismo sector. Sin embargo, veremos que sí es útil para seleccionar entre empresas de diferentes sectores. Puede que esa teoría sea válida en la gestión de una cartera de cien valores ideada para grandes patrimonios, pero ¿debe eso hacerle renunciar a un criterio válido para sus propósitos?

Creo que una de las causas por las cuales cada vez hay más disparidad entre la clase media y la clase privilegiada es que la primera trata de seguir la sabiduría financiera creada para la segunda.

6

No se refugie

No siempre hay crisis pero siempre hay incertidumbre, así que habitualmente se encontrará con consejos sobre dónde refugiarse. Una recomendación frecuente para que el dinero esté más seguro es comprar acciones que paguen elevados dividendos. No es del todo un mal consejo. Entre marzo de 2007 y marzo de 2012, una cartera con los siete valores de mayor rendimiento del IBEX-35 (incluyendo entidades financieras) hubiera perdido un 26,5 %, mientras que la rentabilidad media de los 35 valores del índice fue negativa en un 36,3 %. Pero ¿es suficiente esta ventaja?

Otra manera de refugiarse es evitar los sectores problemáticos. En la mayor parte del período de marzo de 2006 a marzo de 2012, hubo dos sectores muy tocados: el de las entidades financieras y el de la construcción.

En la tabla siguiente, puede verse la evolución de 100 euros invertidos el 31 de marzo de 2006 en diferentes opciones. En una cartera con los mismos valores y las mismas ponderaciones del IBEX-35, esos 100 euros se habrían convertido en 90,5 euros el 31 de marzo de 2012. En una cartera con los 35 valores del IBEX y ponderaciones equitativas, en 82,7 euros.

	31/03/06	31/03/09	31/03/12
IBEX-35	100,0 €	74,1 €	90,5 €
Media 35	100,0 €	64,9 €	82,7 €
IBEX sin bancos	100,0 €	66,8 €	91,0 €
IBEX sin construcción	100,0 €	70,5 €	88,4 €
IBEX sin bancos ni construcción	100,0 €	74,9 €	101,5 €
7 valores menor PER	100,0 €	76,8 €	140,8 €

Si hubiéramos eliminado un sector de riesgo como el de las entidades financieras (entre cinco y seis valores según el trimestre), habríamos obtenido 91 euros, o sea lo hubiéramos hecho algo mejor que el mercado, pero no mucho mejor. Si hubiéramos eliminado otro sector de riesgo, en este caso inmobiliarias y constructoras (entre seis y siete valores), habríamos obtenido 88,4 euros. De nuevo, poca diferencia.

Si hubiéramos eliminado al completo todas las entidades financieras, inmobiliarias y constructoras, habríamos conseguido 101,5 euros. Pero si, en vez de eso, hubiéramos aplicado un criterio de selección como la relación precio-beneficio (que será la estrategia número uno de la cuarta parte), sin eliminar ningún valor, habríamos conseguido 140,8 euros.

En resumen, siempre es mejor aplicar un criterio de selección que evitar los sectores de riesgo.

7

No tenga prejuicios
ni favoritismos

Si al aplicar nuestro criterio de selección salen elegidos algunos valores que no acaban de convencernos, ya sea porque tenemos una opinión negativa sobre los mismos o sobre el sector al que pertenecen, ya sea porque los acontecimientos recientes nos los hacen parecer poco recomendables o porque tenemos razones de peso para dudar de su potencial alcista, y decidimos descartar esos valores, estamos distorsionando el criterio con nuestros temores, juicios, experiencias y expectativas. Y como resultado dejamos de seguir un criterio.

Ocurre con frecuencia que los valores que más suben son aquellos que habían despertado más dudas y reticencias entre los inversores, de modo que subjetivar un criterio puede privarle de su mayor potencial.

Por otro lado, en cualquier estrategia, con mucha frecuencia habrá algún valor estrellado. Y eso puede suceder tanto por una buena razón o por un simple capricho del mercado.

En la recapitulación que figura en el anexo de cada apartado de la cuarta parte, se puede observar que solo algo más de la mitad de los valores seleccionados cada trimestre superó la rentabilidad del mercado en ese trimestre. Sin embargo, el resultado medio de las carteras superó la rentabilidad del mercado en alrededor del 70 % de los trimestres, tal como puede verse en la tabla de rentabilidades trimestrales, también en los anexos. Esto es así porque el criterio tiene validez en conjunto.

En definitiva, seguir un criterio de selección de valores significa comprar todos y cada uno de los valores que satisfacen ese criterio. Si no quiere comprar constructoras, elimínelas de su universo de valores, pero no de la cartera seleccionada. Desde luego, su universo de valores tiene que ser estable. Si lo cambia cada trimestre en función de las circunstancias, el efecto será similar a si descarta los valores una vez ya seleccionados.

Por otro lado, si entre los valores seleccionados hay alguno que se encuentra entre sus favoritos de toda la vida, no destine un porcentaje de su capital más elevado a ese valor, porque nunca va a saber cuáles van a ser los ganadores.

8

Olvide sus traumas

Otro motivo por el cual puede sentirse tentado a eliminar un valor previamente seleccionado es que este le hizo perder dinero en el pasado. Deje de traumatizarse por eso. Uno de los aspectos más positivos de un criterio de selección es que uno no toma afecto ni animadversión hacia las acciones. Uno aprende a pensar en términos de cartera de valores, no en términos de valores individuales, y se centra en el resultado global de la cartera, no en el comportamiento de cada valor por separado.

9

No aspire a la perfección

La búsqueda del criterio ideal ha llevado al desarrollo de sofisticadas teorías. Pero complicar la manera de hacer las cosas complica también la consecución de buenos resultados. El caso más flagrante fue la quiebra del fondo Long-Term Capital Management en 1998, que aplicaba una estrategia que casi siempre funcionaba...

Los criterios de selección que veremos no son perfectos porque con frecuencia nos hacen elegir valores que no dan buen resultado. Lo que hace que el criterio sea válido no es que lo sea para todos o la gran mayoría de valores seleccionados, sino que la rentabilidad media del conjunto de valores supere, la mayoría de las veces, la rentabilidad del mercado.

Evite la tentación de elegir los valores que más se repiten en las diferentes estrategias. Si quiere una cartera más diversificada, puede combinar dos estrategias y sus carteras respectivas de cinco valores para obtener carteras de alrededor de ocho valores (ya que normalmente uno o dos valores coincidirán), pero no haga carteras con los valores que más veces salen seleccionados. No crea que eso les hace «superiores». Es decir, si quiere, sume pero no divida.

CUARTA PARTE

NUEVE GRANDES ESTRATEGIAS

Cómo se ha llevado a cabo
este estudio

En la segunda parte, hemos visto algunos de los pocos criterios que permiten comparar empresas y bancos (el rendimiento por dividendo, la relación precio-valor contable, la evolución reciente del precio, la relación precio-beneficio y la rentabilidad sobre recursos propios). Las entidades financieras tienen una contabilidad tan diferente a la de las empresas que incluirlas en el universo de valores impide la aplicación de algunos de los mejores criterios de selección. Por esta razón, y teniendo en cuenta que las entidades financieras representan solo unos seis valores de los 35 del índice IBEX, decidí excluirlas de las estrategias que detallo a continuación.

En los criterios de la segunda parte, dividí los 35 valores del IBEX en cinco grupos de siete valores cada uno. Al limitar el universo a las empresas, el número de valores se volvió variable, ya que el número de entidades financieras representadas en el IBEX ha ido cambiando a lo largo del período considerado. El número más bajo de entidades financieras fue de cinco (por lo que el número de empresas fue de 30 en tal circunstancia), mientras que el número más alto fue de siete. Pero a veces el IBEX ha contado con 34 valores por algún motivo puntual, de modo que en ocasiones el número de empresas fue de 27.

Por ello, dividí las empresas en cuatro grupos con cinco

valores cada uno, y un quinto grupo con un número de valores que oscila entre 7 y 10. Si lo hubiera hecho en grupos de seis, a veces el último grupo hubiera tenido solo 3 valores.

Las compañías cotizadas en el IBEX-35 terminan de publicar los resultados anuales el 28 de febrero y deben presentar los resultados del primer semestre (enero-junio) antes del 31 de agosto. Pero hay una excepción, Inditex, cuyo año fiscal acaba el 31 de enero y publica resultados semestrales en marzo y septiembre. Por este motivo, y por la posibilidad de que en el futuro haya otras empresas en el IBEX con un año fiscal similar al de Inditex, tomé como referencia las fechas del 31 de marzo y del 30 de septiembre para actualizar las carteras de valores.

En una segunda fase, actualicé las carteras al final de cada trimestre (31 de marzo, 30 de junio, 30 de septiembre y 31 de diciembre) porque los resultados globales solían mejorar respecto a una actualización semestral y porque ello permitía comparar los resultados de cada estrategia frente a la media del mercado en un mayor número de períodos.

El primer trimestre del período analizado se inicia el 31 de marzo de 2006 y el último, el 30 de junio de 2013, de forma que el período total abarca del 31 de marzo de 2006 al 30 de septiembre de 2013, un total de 30 trimestres.

Para los criterios contables, he utilizado los balances semestrales y no los trimestrales porque los primeros siguen un modelo estandarizado que las sociedades cotizadas deben remitir a la Comisión Nacional del Mercado de Valores. Por este motivo, los criterios contables de los trimestres acabados el 31 de marzo y el 30 de junio no varían entre sí, al igual que los de los trimestres acabados el 30 de septiembre y el 31 de diciembre. En cambio, los ratios basados en el precio sí que varían cada trimestre.

Esto significa que las estrategias que se basan únicamente en un criterio contable (la segunda y la tercera) se actualizan de forma semestral. Pero en tanto que el IBEX-35 cambia su composición el primer día hábil de los meses de enero y de julio (y, de forma extraordinaria, en cualquier mes del año), en las carteras que surgen de aplicar dichas estrategias también puede haber algún cambio cada trimestre.

En el IBEX-35, cada valor tiene una ponderación diferente en función de la capitalización de cada empresa respecto a la capitalización global de todas las empresas que forman el índice. La capitalización no es más que el número de acciones en que está dividido el capital social de la compañía multiplicado por el precio de estas en Bolsa. Por ejemplo, como Telefónica tiene un valor en Bolsa mayor que Indra, tiene una ponderación mayor en el IBEX de la que tiene Indra. Las ponderaciones se ajustan también de acuerdo a la proporción de acciones que es susceptible de circular libremente en Bolsa (es decir, que no forma parte de un paquete de control de uno o varios accionistas). Así, si la mayor parte de las acciones de una empresa está bajo control de otra que no piensa poner a la venta estas acciones porque le sirven para influir decisivamente en la otra, se corrige su ponderación a la baja. Es posible, incluso, que una empresa de elevada capitalización tenga una baja ponderación en el índice (es el caso de Endesa, por ejemplo).

A continuación viene una tabla con la rentabilidad trimestral del IBEX-35 y la rentabilidad media de las empresas que formaban parte de dicho índice en el trimestre en cuestión, para el período del 31 de marzo de 2006 al 30 de septiembre de 2013. La rentabilidad del IBEX-35 ha sido calculada a partir de datos de la Sociedad de Bolsas. La rentabilidad media de las empresas es una media simple en la que todas las empresas tienen la misma ponderación. Incluye plusvalías y los dividendos pagados durante el trimestre.

Las columnas que se inician con un valor de 100 euros indican la evolución de 100 euros invertidos el 31 de marzo de 2006.

Para hallar la rentabilidad acumulada entre dos fechas cualesquiera se puede dividir la cifra del final del período por la del principio. Por ejemplo, si queremos saber la rentabilidad acumulada del 31 de diciembre de 2008 al 30 de septiembre de 2013 por el IBEX-35, dividimos 114,8 (la última cifra de la tabla) entre 86,0 (la cifra correspondiente al 31 de diciembre de 2008). Al restar la unidad y multiplicar por cien, obtenemos la variación porcentual. En este caso, la rentabilidad acumulada fue del 33,5 %. En otras palabras, 100 euros invertidos el 31 de diciembre de 2008 en una cartera de valores con la misma composición y ponderaciones que el IBEX-35 se habrían convertido en 133,5 euros el 30 de septiembre de 2013.

En el anexo de los apartados dedicados a cada estrategia, se muestra una tabla de rentabilidades trimestrales de la cartera de valores. Ahí vuelvo a reproducir las dos columnas correspondientes a la media de las empresas del IBEX-35, ya que comparo la rentabilidad de las carteras con dicha media. En cada cartera, se invierte el mismo porcentaje del capital en cada valor. En las de cinco valores, que son la mayoría, eso supone una ponderación del 20 % para cada empresa. Dado que las carteras solo contienen empresas y estas tienen la misma ponderación, es más adecuado comparar su rentabilidad con la rentabilidad media de las empresas presentes en el IBEX que con el índice IBEX-35.

Rentabilidad trimestral del IBEX-35 y de las empresas del IBEX-35

Trimestre	IBEX-35		IBEX Empresas	
31 marzo 2006		100,0 €		100,0 €
abril-junio 2006	−1,6 %	98,4 €	−2,7 %	97,3 €
julio-septiembre 2006	13,0 %	111,2 €	11,9 %	108,8 €
octubre-diciembre 2006	10,1 %	122,4 €	11,7 %	121,6 €
enero-marzo 2007	4,2 %	127,5 €	7,0 %	130,1 €
abril-junio 2007	2,6 %	130,8 €	−0,7 %	129,1 €
julio-septiembre 2007	−1,2 %	129,2 €	−3,6 %	124,5 €
octubre-diciembre 2007	4,9 %	135,5 €	−1,9 %	122,1 €
enero-marzo 2008	−12,0 %	119,3 €	−10,4 %	109,4 €
abril-junio 2008	−8,1 %	109,7 €	−8,4 %	100,3 €
julio-septiembre 2008	−7,7 %	101,3 €	−13,3 %	87,0 €
octubre-diciembre 2008	−15,1 %	86,0 €	−12,2 %	76,4 €
enero-marzo 2009	−13,9 %	74,1 €	−13,6 %	66,0 €
abril-junio 2009	27,8 %	94,7 €	30,8 %	86,4 €
julio-septiembre 2009	21,7 %	115,2 €	20,4 %	104,0 €
octubre-diciembre 2009	3,2 %	118,9 €	0,5 %	104,5 €
enero-marzo 2010	−8,5 %	108,8 €	−1,3 %	103,2 €
abril-junio 2010	−13,0 %	94,7 €	−17,9 %	84,7 €
julio-septiembre 2010	14,7 %	108,6 €	13,0 %	95,7 €
octubre-diciembre 2010	−4,6 %	103,6 €	3,4 %	99,0 €
enero-marzo 2011	8,2 %	112,0 €	13,1 %	112,0 €
abril-junio 2011	−0,1 %	111,9 €	−1,6 %	110,2 €
julio-septiembre 2011	−16,3 %	93,7 €	−19,2 %	89,0 €
octubre-diciembre 2011	2,0 %	95,5 €	3,8 %	92,4 €
enero-marzo 2012	−5,3 %	90,5 €	−3,5 %	89,2 €
abril-junio 2012	−8,3 %	82,9 €	−10,7 %	79,7 €
julio-septiembre 2012	10,4 %	91,5 €	10,0 %	87,6 €
octubre-diciembre 2012	7,3 %	98,2 €	10,2 %	96,5 €
enero-marzo 2013	−2,0 %	96,2 €	0,8 %	97,3 €
abril-junio 2013	−0,8 %	95,5 €	4,1 %	101,3 €
julio-septiembre 2013	20,2 %	114,7 €	18,1 %	119,7 €

1

Para inversores con sentido de la contradicción

Estilo de inversión a contracorriente

Si usted es una persona a quien no le gusta seguir la corriente o tiene una visión poco convencional de las cosas, puede obtener resultados muy positivos o muy negativos según cómo canalice esta tendencia.

Si cree que hay que comprar cuando todo el mundo vende y vender cuando todo el mundo compra, da por hecho que la mayoría de los inversores suele equivocarse y que, por tanto, hay que hacer lo contrario de lo que hace la mayoría. Pero, en realidad, eso de «todo el mundo» no existe en la Bolsa porque todas las acciones que se venden se compran y hay tantos inversores vendiendo como comprando.

Si expresa su sentido de la contradicción adquiriendo valores que han caído mucho de precio y «ahora están baratos», puede correr un gran riesgo. Por poner un ejemplo, el portal de Internet Terra superó los 150 euros en febrero de 2000. A partir de ahí empezó a caer a plomo. Cuando estaban a 75 euros, a muchos inversores les parecía que las acciones de Terra estaban baratas. Cuando llegaron a 50 euros, parecían más baratas aún. A 25 euros, lógicamente, todavía más baratas. A 10 euros, evidentemente, más baratas. Finalmente, en mayo de 2003 Telefónica lanzó una OPA (oferta pública de adquisición) a 5,25 euros, un precio muy bajo, ya que la misma compañía había colocado las acciones de Terra en 1999 a 11,81 euros.

Unas acciones no están baratas porque antes estuvieran más caras, sino porque «ahora» valen más de lo que se paga por ellas. Una manera de averiguar si unas acciones están infravaloradas es a través de la relación precio-beneficio.

A los inversores que van en sentido contrario al consenso del mercado se les denomina «*contrarians*». Puesto que la relación precio-beneficio es una de sus principales herramientas, me referiré a esta estrategia y a la cartera de valores resultante como *contrarian*.

Qué es la relación precio-beneficio

La relación precio-beneficio es el ratio de valoración de acciones más utilizado. Suele conocerse por las siglas PER, del inglés *Price-Earnings Ratio*.

Antes de poder calcular el PER de unas acciones tenemos que conocer el beneficio por acción de la sociedad. Este dato figura en las dos últimas líneas de la cuenta de resultados consolidada (o cuenta de pérdidas y ganancias consolidada) que las sociedades cotizadas deben remitir a la Comisión Nacional del Mercado de Valores (CNMV) cada semestre. Este documento lo podemos encontrar en la página web de la entidad y en la de la CNMV.

En la penúltima línea de esta cuenta de resultados veremos el beneficio por acción básico y en la última, el beneficio por acción diluido. Es preferible esta última magnitud ya que tiene en cuenta acciones que todavía no se han emitido y que la sociedad prevé emitir en un futuro cercano, por ejemplo como consecuencia de alguna próxima amortización de obligaciones convertibles en acciones. En las empresas casi siempre coincide el beneficio por acción básico con el diluido, pero en los bancos difieren con relativa frecuencia.

Nosotros mismos podemos calcular el beneficio por acción anual. Para ello, iremos a la cuenta de resultados (o cuenta de pérdidas de ganancias, que es lo mismo) del segundo semestre. Hacia el final de la columna donde se indican las cifras acumuladas para el año en cuestión, nos fijamos en la línea que dice «RESULTADO ATRIBUIDO A LA ENTIDAD DOMINANTE». Este es el beneficio neto que corresponde a los accionistas de la sociedad.

Para hallar el beneficio por acción básico tenemos que dividir el resultado atribuido entre el número de acciones de la sociedad, dato que podemos encontrar actualizado en la web de la Bolsa de Madrid. Es recomendable consultar el número de acciones de forma periódica, ya que puede haber habido cambios debidos a circunstancias diversas, como un plan de entrega de acciones a los empleados, una ampliación de capital o un plan de pago de dividendos con acciones.

En la cuenta de pérdidas y ganancias, el beneficio por acción se calcula dividiendo el beneficio neto atribuido por el número ponderado de acciones. Esto significa que si ha habido una reciente ampliación de capital, no se toma el número existente de acciones, sino una media de la cantidad actual de acciones y de la que había antes de la ampliación, ponderada por el número de días en que ha estado vigente cada una de estas cifras. Esto hace que el número de acciones utilizado sea inferior al que existe realmente. Es más sencillo, y quizá más verídico, dividir directamente el beneficio neto por el número efectivo de acciones.

Cuando consultamos la cuenta de resultados del primer semestre, veremos el beneficio por acción del primer semestre. Si queremos conocer el beneficio por acción interanual, es decir, el que corresponde a los últimos doce meses, tendremos que tomar dos estados financieros: los del segundo semestre del año anterior y los del primer semestre del año corriente. Entonces tendremos que sumar el resultado atribuido a la entidad dominante del segundo semestre del año anterior y el del primer semestre del año actual. Finalmente, dividiremos el resultado por el número de acciones de la sociedad.

Tenga en cuenta que si el beneficio está expresado en miles de euros, el número de acciones tiene que estar expresado en miles de unidades.

Por qué se divide el precio por el beneficio por acción y no al revés

Además de un activo financiero, una acción es un activo real, es decir, representa un derecho de propiedad. Es un activo financiero porque la empresa puede financiarse mediante una emisión de acciones. Pero el inversor que compra una acción, adquiere una participación en el capital de la sociedad, no de su deuda.

Cuando uno compra un bono del Estado o un pagaré de una empresa, está prestando su dinero al Estado o a la empresa, pero no adquiere ningún derecho de propiedad. Cuando uno compra una acción no presta dinero a nadie, sino que realmente compra una parte de una sociedad. Esta parte suele ser tan pequeña que un inversor puede no tener la impresión de ser copropietario de la entidad cuyas acciones compra. Por eso es útil conocer el beneficio por acción, porque esa cifra pertenece al inversor por cada acción que posee.

Si usted compra una acción de una sociedad por 20 euros y el beneficio por acción de esa sociedad es de 2 euros, su acción le convierte en propietario de 2 euros de los beneficios de la empresa. Eso no significa que la sociedad vaya a pagarle 2 euros por cada acción. Usted acepta que la entidad le pague una parte, por ejemplo la mitad, en forma de dividendos, y que reinvierta la otra parte para poder incrementar beneficios en el futuro y, por tanto, los dividendos.

Los rendimientos suelen expresarse dividiendo la renta percibida por el precio pagado por el activo. Eso es lo que hacemos con los alquileres, los intereses y los dividendos. Como el beneficio por acción no es una renta, cuando lo queremos relacionar con el precio, hacemos lo contrario que con el rendimiento: poner el precio en el numerador.

A veces sí se pone el beneficio por acción en el numerador y el precio en el denominador. En este caso, la relación se conoce como *earnings yield*, que en realidad es la abreviación de *earnings per share yield* (rendimiento del beneficio por acción), un concepto algo extraño porque los rendimientos suelen referirse a rentas efectivamente recibidas.

Qué significa el PER

Cuando tenemos el beneficio por acción, calcular el PER es muy sencillo. Basta dividir el precio de la acción por esa magnitud.

La relación precio-beneficio nos da una idea de si la acción está cara o barata. A diferencia de los bienes corrientes, el precio de una acción no nos dice nada. Unas acciones a 120 euros pueden estar más baratas que otras a 30 euros. El precio de las acciones es relativo y esa relatividad nos la da el PER. Si las acciones de 120 euros tienen un beneficio por acción de 12 euros, su PER será de diez veces. Si las acciones de 30 euros tienen un beneficio por acción de 1,5 euros, su PER será de veinte veces. Esto significa que las que valen 30 euros son el doble de caras que las que valen 120 euros. ¿Por qué? Porque al comprar las de 30 euros, uno está pagando veinte veces el beneficio que corresponde a cada acción, mientras que si uno compra las de 120 euros solo paga diez veces por el mismo concepto.

Donde están los problemas, están las oportunidades

A fin de poner a prueba este criterio, ordené las empresas del IBEX de menor a mayor PER al final de cada trimestre. Las dividí en cinco grupos y calculé la rentabilidad media de cada grupo. Se pueden ver los resultados en la primera tabla del Anexo 1, en la que 5 A representa el grupo de cinco valores con menor relación precio-beneficio (PER), o sea los más baratos o infravalorados. Denomino esta cartera como *Contrarian*. 5 B es el grupo formado por los siguientes cinco valores más baratos y así sucesivamente hasta llegar al grupo de valores más caros.

Cada 100 euros invertidos el 31 de marzo de 2006 en el grupo de valores con menor PER se hubieran convertido en 171,4 euros el 30 de septiembre de 2013, mientras que si se hubieran invertido a partes iguales en todas las empresas del IBEX se habrían convertido en 119,7 euros y en una cartera con la misma composición y ponderaciones del IBEX-35, en 114,8 euros.

En términos anuales, la cartera de cinco valores con menor PER produjo una rentabilidad del 7,45 % anual frente a una ganancia media de la referencia del mercado de 2,43 % anual, lo que representa una ventaja del 5,02 % anual a favor de la estrategia. Podemos concluir, por tanto, que el PER es un buen criterio de selección. Aunque también es cierto que no es de los mejores.

Cuando compremos una cartera con todos y cada uno de los valores que se encuentren entre los cinco más baratos, a veces habrá uno o más valores con algún serio problema. Pero con frecuencia resulta que esos valores suben de forma espectacular. Puede ser que los problemas no eran tan serios como parecían o que las acciones habían caído como si esos problemas fueran aún más graves de lo que son en realidad. Ser *contrarian* significa a veces comprar algo de poca calidad, pero de mejor calidad de la que le atribuye el mercado. Debe usted valorar si se siente cómodo defendiendo este punto de vista.

Las dudas sobre el PER

Al observar la primera tabla del siguiente anexo, podremos comprender por qué muchos inversores tienen dudas acerca del PER. Según cómo se utilice, este criterio puede convertirse en una trampa.

Podemos correr el riesgo de sacar la siguiente conclusión: puesto que el PER es un criterio eficaz, todos los valores con un PER moderado tienen una elevada probabilidad de ser más rentables que la media del mercado. Este razonamiento puede verse reforzado por el hecho de que muchos de los valores más baratos de acuerdo con este criterio lo son por un buen motivo: incertidumbre acerca de la evolución de sus beneficios, desconfianza hacia su modelo de gestión o problemas más graves. Uno puede fácilmente creer que si evita los valores más baratos y, en vez de ello compra los valores que estén razonablemente baratos, obtendrá una buena rentabilidad corriendo un menor riesgo.

Sin embargo, como puede ver en la primera tabla del anexo, el segundo grupo de valores con menor relación precio-beneficio es mucho menos rentable que el primero. De hecho, el criterio pierde validez más allá del primer grupo.

Esto significa que si al aplicar el criterio del PER descarta-
mos aquellos valores que no acaban de convencernos y op-
tamos por valores con un PER moderado pero que nos inspiran
más confianza, estamos desvirtuando el criterio. Sin embargo,
sí es posible aplicar un filtro entre los valores con menor PER si
se hace con un segundo criterio de selección que sea objetivo (la
mera confianza es subjetiva), algo que veremos en otra estrategia.

Se da la circunstancia de que el grupo con mayor PER, que
puede incluir empresas con pérdidas, fue el segundo mejor en el
período considerado. En este sentido, es preciso hacer una pun-
tualización. El hecho de que la rentabilidad del grupo con mayor PER se aproxime tanto a la del grupo con menor PER se
debe en parte a que en el último trimestre del período considerado, el que va de junio a septiembre de 2013, muchos de los
valores más alcistas de la Bolsa española fueron empresas con
pocos beneficios o incluso con pérdidas, de tal manera que el
grupo de valores más caros según el PER dio una rentabilidad
excepcional del 35 % frente al 12 % del grupo de valores más
baratos. Creo que en el futuro la diferencia entre ambos grupos
se ampliará a favor del grupo de valores más baratos.

La cartera *Contrarian* es la más cíclica de todas las que aquí
tratamos, en el sentido de que suele acumular un largo período
de desventaja y a continuación otro largo período de ventaja.
Por ejemplo, de junio de 2009 a septiembre de 2010, tuvo seis
trimestres consecutivos de desventaja. Pero a ese período le siguieron ocho trimestres consecutivos de ventaja sobre el mercado. Algo a tener en cuenta cuando uno se sienta tentado a cambiar de estrategia.

El PER toma como referencia el beneficio neto, que incluye
partidas no recurrentes, es decir, que no van a repetirse en el
futuro, por ejemplo las plusvalías obtenidas con la venta de un
inmueble. Pero el concepto más polémico que puede incorporar

el beneficio neto lo forman las revalorizaciones de activos, de las que algunas empresas abusan, en particular algunas pertenecientes al sector inmobiliario. Tiene lugar una revalorización de activos cuando una empresa considera que uno de sus activos ha aumentado de valor en el mercado y decide apuntarse como beneficio la diferencia entre ese nuevo valor y el importe al cual tiene contabilizado el activo en el balance de situación.

Por este motivo, el criterio del PER puede a veces hacernos seleccionar empresas cuyos beneficios reales son muy inferiores a los declarados. Por ejemplo, en diciembre de 2007 la inmobiliaria Colonial era una de las empresas más baratas de acuerdo con el criterio del PER pero cayó nada menos que un 50 % en el trimestre siguiente. El caso es que los resultados del primer semestre de 2007 indicaban un crecimiento espectacular del beneficio neto debido a unas revalorizaciones de activos de 461,5 millones de euros. El beneficio operativo daba otra lectura sobre la situación de la empresa, pues fue de 103 millones de euros, inferior a los gastos financieros, que fueron de 184 millones de euros. Sin embargo, como el criterio del PER se basa en el beneficio neto, no podía hacer una excepción en este caso, incluso a pesar de la enorme desproporción que representó el «ingreso» obtenido por las revalorizaciones de activos en relación al beneficio total.

Un criterio polémico

De los 150 valores seleccionados a lo largo de 30 trimestres (cinco por trimestre), solo 79 (el 53 % del total) tuvieron una rentabilidad superior a la de la media de referencia. Es casi la proporción que uno obtendría si eligiera los valores al azar.

La estrategia fue más rentable que el mercado en 16 de los 30 trimestres, solo en la mitad de los períodos. De nuevo, eso es lo que cabría esperar de cualquier criterio de selección basado en el simple azar. ¿Cómo es posible, entonces, que este criterio diera una ventaja de un 5 % anual sobre el mercado? En la tabla de rentabilidades (en el siguiente anexo), se puede ver que en aquellos trimestres en los cuales la cartera *Contrarian* fue menos rentable que la media del mercado, la desventaja acostumbró a ser escasa, mientras que en aquellos en los que fue más rentable, la ventaja fue a menudo sustancial. Es decir, las ventajas fueron mayores que las desventajas, en un sentido literal.

La relación precio-beneficio como criterio de selección produce resultados notables y permite a un inversor sin grandes recursos tener una cartera con pocos valores de la que puede esperar una rentabilidad superior a la del índice de referencia.

Así, en la polémica sobre el PER, nos ponemos del lado de quienes creen en su eficacia, a pesar de sus muchos inconvenientes. Creo que esta es una característica de cualquier criterio de selección eficaz: que sea polémico.

Rentabilidad anual de la cartera *Contrarian*

El cuadro de la página siguiente muestra la rentabilidad (plusvalías más dividendos y otras remuneraciones al accionista) por años, del 31 de marzo de 2006 al 30 de septiembre de 2013, de la cartera *Contrarian* y de los índices de referencia. La cartera *Contrarian* destacó particularmente en el año 2011, cuando dio una rentabilidad del 21 % mientras que las empresas del IBEX-35 tuvieron una pérdida media del 7 %. Sin embargo, a diferencia de otras de las carteras examinadas en este libro, no logró una ventaja significativa frente al mercado en el fatídico año 2008.

Año	Rentabilidad			
	IBEX-35	IBEX Empresas	*Contrarian*	Ventaja *Contrarian*
2006 (9 meses)*	22,36 %	21,60 %	42,10 %	**20,50 %**
2007	10,71 %	0,44 %	3,39 %	**2,95 %**
2008	−36,50 %	−37,43 %	−34,98 %	**2,45 %**
2009	38,27 %	36,81 %	25,74 %	−11,07 %
2010	−12,93 %	−5,26 %	−8,45 %	−3,19 %
2011	−7,75 %	−6,71 %	20,91 %	**27,62 %**
2012	2,78 %	4,45 %	12,96 %	**8,51 %**
2013 (9 meses)**	16,86 %	24,06 %	14,16 %	−9,90 %

* Del 31 de marzo al 31 de diciembre.

** Del 1 de enero al 30 de septiembre.

Recapitulación

- Período: 31 de marzo de 2006-30 de septiembre de 2013.
- Rentabilidad media de la estrategia: 7,45 % anual.
- Rentabilidad de la referencia: 2,43 % anual.
- Ventaja respecto a la referencia: 5,02 % anual.
- Número de valores que batieron al mercado: 79 de 150 (52,7 % del total).
- Número de trimestres en que la estrategia batió al mercado: 16 de 30 (53 % del total).

Actualización de esta estrategia: la cartera *Contrarian* puede encontrarse actualizada en www.invertirlowcost.com.

Anexo 1. La cartera *Contrarian*

Estrategia basada en el PER
(marzo 2006-septiembre 2013)

Carteras	Valor de 100 €	Rentabilidad media anual
5 A	**171,5 €**	**7,45 %**
5 B	114,1 €	1,77 %
5 C	81,7 €	–2,66 %
5 D	79,9 €	–2,95 %
7-10 E	143,3 €	4,91 %
Referencias		
IBEX-35	114,8 €	1,85 %
IBEX empresas	119,7 €	2,43 %

Valor de 100 €: indica en cuánto se habrían convertido, el 30 de septiembre de 2013, 100 euros invertidos el 31 de marzo de 2006.

5 A: cinco valores con menor relación precio-beneficio (PER). Son los más baratos de acuerdo con este criterio. Forman la cartera *Contrarian*.

5 B: valores entre las posiciones sexta y décima en la clasificación por PER. Son valores moderadamente baratos en términos comparativos.

5 C: valores entre las posiciones undécima y decimoquinta. Son los que tienen un PER alrededor de la media.

5 D: valores entre las posiciones decimosexta y vigésima. Son valores moderadamente caros en términos relativos.

7-10 E: últimos valores de la clasificación. Son los más caros desde el punto de vista del PER. Este grupo está compuesto por entre siete y diez valores. Puede incluir empresas con pérdidas.

Rentabilidad y ventaja trimestral de la cartera Contrarian

Trimestre	IBEX	Empresas	Contrarian		Ventaja
31 marzo 2006		100,0 €		100,0 €	
abril-junio 2006	−2,7 %	97,3 €	−0,2 %	99,8 €	2,6 %
julio-septiembre 2006	11,9 %	108,8 €	17,7 %	117,5 €	5,9 %
octubre-diciembre 2006	11,7 %	121,6 €	20,9 %	142,1 €	9,2 %
enero-marzo 2007	7,0 %	130,1 €	8,0 %	153,5 €	1,0 %
abril-junio 2007	−0,7 %	129,1 €	5,3 %	161,6 €	6,0 %
julio-septiembre 2007	−3,6 %	124,5 €	−7,2 %	150,0 €	−3,6 %
octubre-diciembre 2007	−1,9 %	122,1 €	−2,1 %	146,9 €	−0,1 %
enero-marzo 2008	−10,4 %	109,4 €	−15,1 %	124,7 €	−4,7 %
abril-junio 2008	−8,4 %	100,3 €	−11,3 %	110,7 €	−2,9 %
julio-septiembre 2008	−13,3 %	87,0 €	−11,9 %	97,5 €	1,4 %
octubre-diciembre 2008	−12,2 %	76,4 €	−2,0 %	95,5 €	10,1 %
enero-marzo 2009	−13,6 %	66,0 €	−23,9 %	72,7 €	−10,3 %
abril-junio 2009	30,8 %	86,4 €	41,0 %	102,5 €	10,2 %
julio-septiembre 2009	20,4 %	104,0 €	17,5 %	120,5 €	−2,9 %
octubre-diciembre 2009	0,5 %	104,5 €	−0,3 %	120,1 €	−0,8 %
enero-marzo 2010	−1,3 %	103,2 €	−2,7 %	116,9 €	−1,4 %
abril-junio 2010	−17,9 %	84,7 €	−18,9 %	94,8 €	−1,0 %
julio-septiembre 2010	13,0 %	95,7 €	12,8 %	107,0 €	−0,2 %
octubre-diciembre 2010	3,4 %	99,0 €	2,8 %	109,9 €	−0,6 %
enero-marzo 2011	13,1 %	112,0 €	31,9 %	145,0 €	18,8 %
abril-junio 2011	−1,6 %	110,2 €	1,0 %	146,4 €	2,6 %
julio-septiembre 2011	−19,2 %	89,0 €	−14,7 %	124,9 €	4,5 %
octubre-diciembre 2011	3,8 %	92,4 €	6,5 %	132,9 €	2,7 %
enero-marzo 2012	−3,5 %	89,2 €	−0,8 %	131,9 €	2,7 %
abril-junio 2012	−10,7 %	79,7 €	−9,1 %	119,9 €	1,6 %
julio-septiembre 2012	10,0 %	87,6 €	11,4 %	133,5 €	1,4 %
octubre-diciembre 2012	10,2 %	96,5 €	12,5 %	150,2 €	2,3 %
enero-marzo 2013	0,8 %	97,3 €	−0,5 %	149,5 €	−1,3 %
abril-junio 2013	4,1 %	101,3 €	2,4 %	153,0 €	−1,7 %
julio-septiembre 2013	18,1 %	119,7 €	12,0 %	171,4 €	−6,1 %

Composición de la cartera Contrarian (1)

31 marzo 2006- 30 junio 2006		30 junio 2006- 30 septiembre 2006		30 septiembre 2006- 31 diciembre 2006	
IBERIA	−10,53 %	IBERIA	4,95 %	IBERIA	30,19 %
ARCELOR	15,70 %	ARCELOR	15,55 %	REPSOL	11,63 %
ENDESA	2,06 %	REPSOL	6,16 %	ENDESA	6,80 %
REPSOL	−4,48 %	ENDESA	27,42 %	METROVACESA	35,73 %
U. FENOSA	−3,54 %	U. FENOSA	34,56 %	TELEFÓNICA	20,12 %
Cartera	**−0,16 %**	**Cartera**	**17,73 %**	**Cartera**	**20,89 %**
31 diciembre 2006- 31 marzo 2007		31 marzo 2007- 30 junio 2007		30 junio 2007- 30 septiembre 2007	
IBERIA	44,57 %	METROVACESA	−7,29 %	FERROVIAL	−18,73 %
ENDESA	14,37 %	FERROVIAL	−2,72 %	ACERINOX	17,14 %
REPSOL	−2,29 %	ACCIONA	24,76 %	ACCIONA	−4,83 %
U. FENOSA	8,75 %	ACERINOX	−4,25 %	ANTENA 3	−16,19 %
METROVACESA	−25,44 %	REPSOL	15,89 %	REPSOL	−13,13 %
Cartera	**7,99 %**	**Cartera**	**5,28 %**	**Cartera**	**−7,15 %**
30 septiembre 2007- 31 diciembre 2007		31 diciembre 2007- 31 marzo 2008		31 marzo 2008- 30 junio 2008	
FERROVIAL	−18,30 %	FERROVIAL	−4,41 %	SACYR	−10,95 %
ACERINOX	−19,76 %	ACERINOX	4,93 %	FCC	−9,50 %
SACYR	9,01 %	ACS	−9,42 %	ACS	−11,53 %
ACS	5,04 %	SACYR	−16,73 %	IBERIA	−38,76 %
ACCIONA	13,71 %	COLONIAL	−50,00 %	REPSOL	14,50 %
Cartera	**−2,06 %**	**Cartera**	**−15,13 %**	**Cartera**	**−11,25 %**
30 junio 2008- 30 septiembre 2008		30 septiembre 2008- 31 diciembre 2008		31 diciembre 2008- 31 marzo 2009	
IBERIA	12,50 %	ENDESA	11,20 %	ENDESA	−30,15 %
TELECINCO	−11,58 %	TELECINCO	5,15 %	REPSOL	−13,68 %
SACYR	−39,61 %	IBERIA	15,79 %	TELECINCO	−30,86 %
FCC	−13,14 %	CRITERIA	−14,54 %	CRITERIA	−12,59 %
ACS	−7,65 %	REPSOL	−27,75 %	OHL	−32,13 %
Cartera	**−11,89 %**	**Cartera**	**−2,03 %**	**Cartera**	**−23,88 %**

(Continúa.)

31 marzo 2009- 30 junio 2009		30 junio 2009- 30 septiembre 2009		30 septiembre 2009- 31 diciembre 2009	
ENDESA	21,16 %	ENDESA	32,36 %	ACCIONA	−2,04 %
OHL	115,13 %	MITTAL	12,84 %	ACS	−2,33 %
GAS NATURAL	26,04 %	GAS NATURAL	20,28 %	ENDESA	6,02 %
REPSOL	27,42 %	ACS	2,05 %	GAS NATURAL	−0,07 %
ACS	15,40 %	REPSOL	19,92 %	CRITERIA	−3,13 %
Cartera	**41,03 %**	**Cartera**	**17,49 %**	**Cartera**	**−0,31 %**

Composición de la cartera Contrarian (2)

31 diciembre 2009- 31 marzo 2010		31 marzo 2010- 30 junio 2010		30 junio 2010- 30 septiembre 2010	
ACCIONA	−8,69 %	SACYR	−37,21 %	SACYR	7,07 %
ACS	0,72 %	ACCIONA	−23,53 %	ACCIONA	1,77 %
GAS NATURAL	−7,08 %	ACS	−11,62 %	ACS	25,11 %
ENDESA	−9,52 %	ENDESA	−17,30 %	ENDESA	15,25 %
CRITERIA	11,21 %	CRITERIA	−4,88 %	FCC	14,97 %
Cartera	**−2,67 %**	**Cartera**	**−18,91 %**	**Cartera**	**12,83 %**
30 septiembre 2010- 31 diciembre 2010		31 diciembre 2010- 31 marzo 2011		31 marzo 2011- 30 junio 2011	
ENDESA	−1,73 %	ENDESA	15,85 %	FERROVIAL	1,92 %
GAS NATURAL	5,03 %	GAS NATURAL	18,47 %	ENDESA	5,03 %
SACYR	8,82 %	FCC	22,46 %	REPSOL	−0,95 %
CRITERIA	4,94 %	CRITERIA	28,64 %	EBRO	−2,39 %
FCC	−3,06 %	SACYR	73,85 %	ACS	1,47 %
Cartera	**2,80 %**	**Cartera**	**31,85 %**	**Cartera**	**1,02 %**
30 junio 2011- 30 septiembre 2011		30 septiembre 2011- 31 diciembre 2011		31 diciembre 2011- 31 marzo 2012	
FERROVIAL	−1,49 %	FERROVIAL	10,83 %	FERROVIAL	−7,53 %
ENDESA	−21,83 %	REPSOL	18,82 %	ACS	−16,20 %
REPSOL	−14,35 %	EBRO	14,46 %	ENDESA	−5,74 %
EBRO	−17,74 %	IBERIA (IAG)	−2,25 %	IBERIA	24,08 %
ACS	−18,23 %	ACS	−9,55 %	EBRO	1,43 %
Cartera	**−14,73 %**	**Cartera**	**6,46 %**	**Cartera**	**−0,79 %**

(Continúa.)

31 marzo 2012-30 junio 2012		30 junio 2012-30 septiembre 2012		30 septiembre 2012-31 diciembre 2012	
FERROVIAL	6,20 %	FERROVIAL	13,93 %	OHL	22,28 %
ABENGOA	−23,89 %	ABENGOA	33,41 %	FERROVIAL	22,74 %
ACS	−11,99 %	ACS	1,33 %	ABENGOA	−14,19 %
IBERIA	−8,57 %	IBERIA	−5,22 %	IBERDROLA	18,76 %
ENDESA	−7,36 %	INDRA	13,45 %	ENDESA	12,84 %
Cartera	**−9,12 %**	**Cartera**	**11,38 %**	**Cartera**	**12,49 %**
31 diciembre 2012-31 marzo 2013		31 marzo 2013-30 junio 2013		30 junio 2013-30 septiembre 2013	
ABENGOA	−17,52 %	OHL	4,53 %	OHL	7,23 %
FERROVIAL	10,54 %	ABENGOA	−15,96 %	ENDESA	17,37 %
OHL	16,81 %	IBERDROLA	11,64 %	IBERDROLA	9,89 %
IBERDROLA	−9,88 %	ENDESA	−0,45 %	REPSOL	13,08 %
ENDESA	−2,28 %	GAS NATURAL	12,17 %	ABERTIS	12,53 %
Cartera	**−0,47 %**	**Cartera**	**2,39 %**	**Cartera**	**12,02 %**

2

Para inversores que huyen de los extremos

El dorado término medio

En el criterio de la solvencia, vimos que la cartera que mejor resultado ofrecía era aquella que estaba formada por los valores más alejados de los extremos.

A muchos inversores les puede incomodar esta conclusión. Tal vez piensen que si uno aplica un criterio de selección, lo hace para elegir los valores que mejor lo satisfacen, no para escoger aquellos que lo cumplen «a medias».

Puede que a usted, en cambio, esta circunstancia le parezca reconfortante con su visión del mundo: no hay nada mejor que pasar desapercibido o que situarse a media distancia entre dos extremos. Desde su punto de vista, no es bueno que las empresas se endeuden en exceso, pero tampoco que tengan demasiada poca deuda, porque esto puede significar que no saben cómo sacar una rentabilidad superior al interés que les cobra el banco. Esta es la postura representada por la expresión latina *aurea mediocritas,* que no tiene nada que ver con la mediocridad, sino con el lugar donde se encuentra el ideal de las cosas, el «dorado término medio».

En este caso podemos decir que los valores que ocupan la parte media de la clasificación ¡son los que destacan! Pero eso no significa que siempre sea así. Ocurre con criterios contables como la solvencia, la rentabilidad sobre el activo (ROA) y el concepto que veremos a continuación, la rentabilidad sobre el capital empleado (ROCE), pero no con ratios como el PER.

Un criterio clave

Si tiene usted un negocio, sabrá si le está siendo rentable si los beneficios que obtiene representan un porcentaje suficientemente alto sobre el capital que ha invertido. Normalmente esperará que ese porcentaje sea de alrededor del 10 % anual. Si es justo del 10 % anual, tardará diez años en recuperar la inversión. Si fuera del 20 % anual, tardaría solo cinco años. Pero si fuera del 1 % anual, ¡tardaría cien años!

Al menos querrá que la rentabilidad de su negocio sea superior al tipo de interés. Si no es así, ganaría más comprando títulos de deuda pública (si es que no le preocupa que el gobierno pueda dejar de pagar los intereses). Y si ha pedido un crédito o préstamo para invertir en el negocio, tendrá que obtener una rentabilidad superior a la de los costes de financiación para poder devolverlo.

Imaginemos que un empresario ha invertido 500.000 euros en su negocio y que puede obtener una rentabilidad del 10 % anual sobre ese capital. Al cabo de un año habrá ganado 50.000 euros. Si el banco le cobra un 4 % por un crédito, le saldrá a cuenta endeudarse, ya que con el dinero que le preste el banco podrá sacar una rentabilidad neta del 6 %. Entonces pide un crédito de 100.000 euros a un año. Al cabo del año, habrá ganado 10.000 euros con el dinero del crédito que ha invertido en su negocio y habrá pagado al banco 4.000 euros. Sus beneficios totales habrán sido de 56.000 euros: los 50.000 euros que ha ganado con su capital más los 6.000 euros que ha ganado gracias al crédito.

¿Cómo calculará su rentabilidad? ¿Dividiendo el beneficio por el capital invertido? Eso sería la rentabilidad sobre el capital o sobre los recursos propios: la ROE que vimos en la segunda parte.

Pero este cálculo olvida que una parte del beneficio no se ha obtenido con el capital sino con la deuda. Para reflejar mejor la procedencia de los beneficios, se utiliza el concepto de «capital empleado», que es la suma del capital más el dinero que hemos pedido prestado para invertirlo en el negocio, ya que en realidad no estamos empleando únicamente nuestro capital sino también fondos ajenos.

En las empresas, el capital empleado es el patrimonio neto más la deuda financiera neta. Recordemos (*véase* apartado 5 de la segunda parte *¿Es seguro comprar acciones de las empresas más seguras?*) que la deuda financiera neta es la deuda con entidades financieras más las emisiones de títulos de deuda menos el dinero o activos líquidos que la empresa tiene disponible.

En cuanto al patrimonio neto, se trata del «patrimonio neto atribuido a la entidad dominante» que encontramos en el balance de situación y que ya comentamos en el apartado 4 de la segunda parte (*¿Son rentables las acciones de las entidades más rentables?*).

Lo que nos interesa, pues, es la rentabilidad sobre el capital empleado, criterio contable que se conoce con las siglas ROCE, del inglés *Return On Capital Employed*.

La ROCE se expresa como el beneficio de explotación dividido por el capital empleado. El beneficio de explotación es el beneficio antes de intereses e impuestos. Se considera el beneficio antes de intereses porque nos interesa saber qué rentabilidad obtiene la empresa de todo el dinero que mueve.

No hay que confundir la rentabilidad de una empresa con su rentabilidad en Bolsa. El primer concepto es una medida que relaciona el beneficio, que puede definirse de varias maneras (de explotación, antes de impuestos, neto...), con alguna/s variable/s del balance de situación. A fin de evitar confusiones, a veces me referiré a la rentabilidad empresarial con el término de eficiencia.

¿Por qué los valores con una ROCE media se comportan mejor que los de ROCE más alta?

Una cartera compuesta por las cinco empresas con una ROCE media, aquellas que ocupaban las posiciones de la undécima a la decimoquinta, hubiera sido mucho más rentable que las referencias del mercado, que las carteras que hubiesen incorporado las empresas con mayor ROCE y, desde luego, que las carteras con las empresas con menor ROCE (*véase* la primera tabla del Anexo 2).

Me referiré a la estrategia de elegir las empresas con ROCE media, y a la cartera resultante, con el nombre de «Término Medio». Se trata de un criterio *contrarian*, ya que nadie espera obtener una rentabilidad superior en Bolsa con las empresas medianamente rentables. Sin embargo, es un criterio *contrarian* más suave que el del PER porque existe un consenso generalizado de que la ROCE es una medida importante a la hora de seleccionar valores.

La forma en que destacan esos valores que pasan desapercibidos es una cuestión que a muchos les puede resultar intrigante. Pero no creo que haya tanto misterio en ello. Considero que puede haber tres causas.

Recordemos que la ROCE es el cociente entre el beneficio de explotación y el capital empleado, y que el capital empleado es la suma de los recursos propios más la deuda financiera neta.

Si los recursos propios son insuficientes porque la empresa destina una porción demasiado elevada a dividendos y apenas reinvierte en el propio negocio, entonces el denominador de este ratio será más reducido que si reinvirtiera gran parte de los beneficios. Así, la empresa que no reinvierte parecerá más eficiente de lo que en realidad es.

Por otro lado, si la deuda financiera es muy baja, el capital empleado también será menor que si hay cierto nivel de deuda. ¿Pero acaso es malo que una empresa esté poco endeudada? No es que lo sea, pero puede serlo. Si una empresa no se endeuda para invertir en el propio negocio, tal vez sea porque no ve oportunidades. Tal vez sea porque no ve la manera de obtener una rentabilidad superior al tipo de interés. Tal vez sea porque no tiene planes de crecimiento. Si la propia empresa no invierte en sí misma, ¿vale la pena que invirtamos en ella?

Otra razón interesante a favor de las empresas medianamente rentables la hallé en un blog de la página de Internet Rankia. En ella, el autor del blog, que firmaba con el nombre de OscarS, dijo, en junio de 2007, lo siguiente (cito textualmente): «Yo prefiero márgenes y ROCE bajos o en línea con lo normal que márgenes y ROCE elevados, puesto que ello significará que o están en la parte baja del ciclo o que no estando en la parte baja del ciclo no hay incentivos para la entrada de competidores. Así que podemos decir que con un ROCE alto, hay más probabilidad de entrada de nuevos competidores. Pensad que todo revierte a una media».

A la vista de los resultados, dio en el clavo. Desde una postura típicamente *contrarian*, quiso decir que una rentabilidad muy alta puede actuar como señuelo para que otras empresas entren en ese sector dispuestas a obtener un pedazo del pastel. Así, una empresa muy rentable puede ver cómo los competidores se quedan con una parte sustancial de su negocio. En cambio, las empresas que pasan desapercibidas, no atraen a los depredadores y no ven amenazados sus beneficios. Pueden operar en un contexto de mayor certidumbre y llevar a cabo inversiones que les permitan incrementar resultados en el futuro.

Otro aspecto tratado por el autor de este blog es que hay que tener cuidado con las empresas cíclicas, como las que operan en medios de comunicación, inmobiliaria, construcción, petróleo o materias primas. Por ejemplo, dos compañías que en 2006 y 2007 presentaban una ROCE muy alta fueron Antena3 y Telecinco porque se hallaban en un momento álgido de su ciclo. Con la crisis, los ingresos por publicidad disminuyeron y la rentabilidad de esos negocios también. En ambos casos, la ROCE elevada indicaba que estaban en un momento alto de su ciclo. Para un *contrarian*, no es una buena práctica comprar este tipo de empresas en ese momento, sino en la parte baja de su ciclo, por ejemplo cuando los ingresos por publicidad han tocado fondo.

Los sectores inmobiliario y de la construcción también son muy cíclicos, por lo que un *contrarian* siempre los evitará cuando estén en su mejor momento.

En la mayor parte del período considerado, la economía española estuvo en crisis. No sé cómo se comportará el criterio de la ROCE media en una fase expansiva. Sin embargo, en una Bolsa alcista, casi todos los valores suben. Aunque este criterio sea menos rentable que el mercado, dará resultados positivos. Pero cuando haya otra crisis bursátil, es de esperar que vuelva a batir con claridad al mercado, tal como lo ha hecho entre 2007 y 2012.

Rentabilidad anual de la cartera Término Medio

El cuadro de la página siguiente indica la rentabilidad anual del IBEX-35, del conjunto de las empresas de dicho índice y de la cartera Término Medio. Puede observarse que esta ha obtenido una ventaja significativa en la mayoría de años y que en 2008 causó pérdidas de casi la mitad de las producidas por el mercado.

Año	Rentabilidad			
	IBEX-35	IBEX Empresas	Término Medio	Ventaja Tér. Medio
2006 (9 meses)*	22,36 %	21,60 %	15,91 %	−5,69 %
2007	10,71 %	0,44 %	37,21 %	**36,77 %**
2008	−36,50 %	−37,43 %	−20,56 %	**16,87 %**
2009	38,27 %	36,81 %	36,14 %	−0,67 %
2010	−12,93 %	−5,26 %	3,72 %	**8,98 %**
2011	−7,75 %	−6,71 %	−0,21 %	**6,50 %**
2012	2,78 %	4,45 %	19,43 %	**14,98 %**
2013 (9 meses)**	16,86 %	24,06 %	26,78 %	**2,73 %**

* Del 31 de marzo al 31 de diciembre.
** Del 1 de enero al 30 de septiembre.

Recapitulación

- Período: 31 de marzo de 2006-30 de septiembre de 2013.
- Rentabilidad media de la estrategia: 14,14 % anual.
- Rentabilidad de la referencia: 2,43 % anual.
- Ventaja respecto a la referencia: 11,71 % anual.
- Número de valores que batieron al mercado: 96 de 150 (64 % del total).
- Número de trimestres en que la estrategia batió al mercado: 21 de 30 (70 % del total).

Actualización de esta estrategia: la cartera Término Medio puede encontrarse actualizada en www.invertirlowcost.com.

Anexo 2. La cartera Término Medio

Estrategia basada en la ROCE
(marzo 2006-septiembre 2013)

Carteras	Valor de 100 €	Rentabilidad media anual
5 A	140,2 €	4,61 %
5 B	147,6 €	5,33 %
5 C	**269,6 €**	**14,14 %**
5 D	64,8 €	−5,63 %
7-10 E	71,6 €	−4,35 %
Referencias		
IBEX-35	114,8 €	1,85 %
IBEX empresas	119,7 €	2,43 %

Valor de 100 €: indica en cuánto se habrían convertido, el 30 de septiembre de 2013, 100 euros invertidos el 31 de marzo de 2006.

5 A: cinco valores con mayor rentabilidad del capital empleado (ROCE).

5 B: valores entre las posiciones sexta y décima en la clasificación por ROCE.

5 C: valores entre las posiciones undécima y decimoquinta. Son los que tienen una ROCE promedia. Componen la cartera Término Medio.

5 D: valores entre las posiciones decimosexta y vigésima.

7-10 E: últimos valores de la clasificación. Este grupo está compuesto por entre siete y diez valores. Puede incluir empresas con beneficio de explotación negativo.

Rentabilidad y ventaja trimestral de la cartera Término Medio

Trimestre	IBEX Empresas		Término Medio		Ventaja
31 marzo 2006		100,0 €		100,0 €	
abril-junio 2006	−2,7 %	97,3 €	−3,2 %	96,8 €	−0,4 %
julio-septiembre 2006	11,9 %	108,8 €	12,5 %	108,9 €	0,6 %
octubre-diciembre 2006	11,7 %	121,6 €	6,4 %	115,9 €	−5,3 %
enero-marzo 2007	7,0 %	130,1 €	13,6 %	131,6 €	6,6 %
abril-junio 2007	−0,7 %	129,1 €	2,2 %	134,5 €	2,9 %
julio-septiembre 2007	−3,6 %	124,5 €	6,5 %	143,2 €	10,1 %
octubre-diciembre 2007	−1,9 %	122,1 €	11,0 %	159,0 €	13,0 %
enero-marzo 2008	−10,4 %	109,4 €	−8,4 %	145,7 €	2,0 %
abril-junio 2008	−8,4 %	100,3 €	−3,2 %	141,0 €	5,2 %
julio- septiembre 2008	−13,3 %	87,0 €	−2,7 %	137,2 €	10,6 %
octubre-diciembre 2008	−12,2 %	76,4 €	−7,9 %	126,3 €	4,2 %
enero-marzo 2009	−13,6 %	66,0 €	−21,6 %	99,1 €	−8,0 %
abril-junio 2009	30,8 %	86,4 €	47,5 %	146,2 €	16,7 %
julio-septiembre 2009	20,4 %	104,0 €	16,0 %	169,6 €	−4,4 %
octubre-diciembre2009	0,5 %	104,5 €	1,4 %	172,0 €	0,9 %
enero-marzo 2010	−1,3 %	103,2 €	−2,1 %	168,4 €	−0,8 %
abril-junio 2010	−17,9 %	84,7 €	−9,9 %	151,8 €	8,1 %
julio-septiembre 2010	13,0 %	95,7 €	11,1 %	168,6 €	−2,0 %
octubre-diciembre 2010	3,4 %	99,0 €	5,8 %	178,4 €	2,4 %
enero-marzo 2011	13,1 %	112,0 €	4,8 %	187,0 €	−8,3 %
abril-junio 2011	−1,6 %	110,2 €	5,3 %	196,8 €	6,9 %
julio-septiembre 2011	−19,2 %	89,0 €	−17,3 %	162,7 €	1,9 %
octubre-diciembre 2011	3,8 %	92,4 €	9,4 %	178,0 €	5,6 %
enero-marzo 2012	−3,5 %	89,2 €	5,2 %	187,2 €	8,6 %
abril-junio 2012	−10,7 %	79,7 €	−13,8 %	161,4 €	−3,1 %
julio-septiembre 2012	10,0 %	87,6 €	16,2 %	187,5 €	6,2 %
octubre-diciembre 2012	10,2 %	96,5 €	13,4 %	212,6 €	3,2 %
enero-marzo 2013	0,8 %	97,3 €	6,4 %	226,3 €	5,6 %
abril-junio 2013	4,1 %	101,3 €	7,6 %	243,5 €	3,5 %
julio-septiembre 2013	18,1 %	119,7 €	10,7 %	269,5 €	−7,4 %

Composición de la cartera Término Medio (1)

31 marzo 2006- 30 junio 2006		30 junio 2006- 30 septiembre 2006		30 septiembre 2006- 31 diciembre 2006	
PRISA	−17,70 %	PRISA	2,87 %	TELEFÓNICA	20,12 %
ENAGÁS	2,02 %	ENAGÁS	16,01 %	GAS NATURAL	4,31 %
ENDESA	2,06 %	ENDESA	27,42 %	IBERDROLA	−6,12 %
ABERTIS	−8,84 %	ABERTIS	13,05 %	U. FENOSA	−6,92 %
GAMESA	6,64 %	GAMESA	3,10 %	GAMESA	20,66 %
Cartera	−3,16 %	Cartera	12,49 %	Cartera	6,41 %
31 diciembre 2006- 31 marzo 2007		31 marzo 2007- 30 junio 2007		30 junio 2007- 30 septiembre 2007	
TELEFÓNICA	2,36 %	ENAGÁS	−5,22 %	ENAGÁS	0,71 %
GAS NATURAL	18,44 %	TELEFÓNICA	2,06 %	TELEFÓNICA	18,68 %
IBERDROLA	8,25 %	U. FENOSA	−1,78 %	U. FENOSA	6,23 %
U. FENOSA	8,75 %	REE	−1,39 %	REE	6,16 %
GAMESA	29,98 %	IBERDROLA	17,29 %	IBERDROLA	0,66 %
Cartera	13,55 %	Cartera	2,19 %	Cartera	6,49 %
30 septiembre 2007- 31 diciembre. 2007		31 diciembre 200- 31 marzo 2008		31 marzo 2008- 30 junio 2008	
ENAGÁS	9,96 %	ENAGÁS	−4,10 %	ENDESA	−6,86 %
GAMESA	11,62 %	GAMESA	−9,63 %	U. FENOSA	−13,04 %
REE	18,95 %	REE	−9,42 %	GAMESA	8,82 %
U. FENOSA	11,35 %	U. FENOSA	−6,52 %	ACS	−11,53 %
AGBAR	3,30 %	AGBAR	−12,39 %	REE	6,63 %
Cartera	11,04 %	Cartera	−8,41 %	Cartera	−3,20 %
30 junio 2008- 30 septiembre 2008		30 septiembre 2008- 31 diciembre 2008		31 diciembre 2008- 31 marzo 2009	
ENDESA	−13,54 %	ENAGÁS	2,37 %	ENAGÁS	−29,76 %
U. FENOSA	42,41 %	ENDESA	11,20 %	ENDESA	−30,15 %
GAMESA	−23,06 %	REE	0,42 %	REE	−17,09 %
ACS	−7,65 %	GAMESA	−46,96 %	GAMESA	−24,18 %
REE	−11,61 %	ABERTIS	−6,66 %	ABERTIS	−6,59 %
Cartera	−2,69 %	Cartera	−7,93 %	Cartera	−21,55 %

(Continúa.)

31 marzo 2009- 30 junio 2009		30 junio 2009- 30 septiembre 2009		30 septiembre 2009- 31 diciembre 2009	
ENAGÁS	31,40 %	REE	11,15 %	OHL	5,46 %
GAMESA	41,93 %	ENAGÁS	4,64 %	REPSOL	0,75 %
OHL	115,13 %	GAMESA	13,32 %	ABERTIS	3,29 %
ABERTIS	22,24 %	OHL	35,20 %	IBERDROLA	−0,33 %
FCC	26,72 %	ABERTIS	15,75 %	ACCIONA	−2,04 %
Cartera	**47,48 %**	Cartera	**16,01 %**	**Cartera**	**1,43 %**

Composición de la cartera Término Medio (2)

31 diciembre 2009- 31 marzo 2010		31 marzo 2010- 30 junio 2010		30 junio 2010- 30 sept. 2010	
EBRO	−6,13 %	REPSOL	−4,91 %	REPSOL	15,93 %
OHL	13,29 %	GAS NATURAL	−12,95 %	GAS NATURAL	−4,37 %
REPSOL	−4,14 %	ABERTIS	−10,90 %	ABERTIS	15,46 %
ABERTIS	−9,35 %	IBERDROLA	−23,14 %	IBERDROLA	21,83 %
IBERDROLA	−4,05 %	EBRO	2,42 %	EBRO	6,49 %
Cartera	**−2,08 %**	**Cartera**	**−9,89 %**	**Cartera**	**11,07 %**
30 septiembre 2010- 31 diciembre 2010		31 diciembre 2010- 31 marzo 2011		31 marzo 2011- 30 junio 2011	
ENAGÁS	2,44 %	ENAGÁS	6,77 %	EBRO	−2,39 %
EBRO	11,32 %	EBRO	4,74 %	GAS NATURAL	12,45 %
ABERTIS	0,59 %	ABERTIS	13,98 %	ENAGÁS	4,96 %
OHL	10,05 %	OHL	12,44 %	OHL	5,30 %
IBERDROLA	4,80 %	AMADEUS	−13,90 %	AMADEUS	6,00 %
Cartera	**5,84 %**	**Cartera**	**4,81 %**	**Cartera**	**5,26 %**
30 junio 2011- 30 septiembre 2011		30 septiembre 2011- 31 diciembre 2011		31 diciembre 2011- 31 marzo 2012	
EBRO	−17,74 %	OHL	4,25 %	REE	10,98 %
GAS NATURAL	−11,56 %	EBRO	14,46 %	OHL	15,17 %
ENAGÁS	−14,21 %	ACERINOX	18,18 %	EBRO	1,43 %
OHL	−29,45 %	ENAGÁS	6,23 %	ACERINOX	−2,75 %
AMADEUS	−13,63 %	GAS NATURAL	3,83 %	ENAGÁS	0,98 %
Cartera	**−17,32 %**	**Cartera**	**9,39 %**	**Cartera**	**5,16 %**

(Continúa.)

31 marzo 2012-30 junio 2012		30 junio 2012-30 septiembre 2012		30 septiembre 2012-31 diciembre 2012	
EBRO	−5,80 %	REPSOL	19,38 %	REPSOL	4,88 %
REPSOL	−32,80 %	ENAGÁS	11,56 %	ENAGÁS	8,18 %
ENAGÁS	−0,42 %	GAS NATURAL	9,01 %	ABERTIS	11,69 %
GAS NATURAL	−15,65 %	ABERTIS	7,56 %	GAS NATURAL	23,29 %
ABERTIS	−14,19 %	ABENGOA	33,41 %	ACS	18,78 %
Cartera	**−13,77 %**	**Cartera**	**16,18 %**	**Cartera**	**13,36 %**
31 diciembre 2012-31 marzo 2013		31 marzo 2013-30 junio 2013		30 junio 2013-30 septiembre 2013	
TELEFÓNICA	2,94 %	REPSOL	5,08 %	TELEFÓNICA	16,91 %
REPSOL	6,48 %	ACS	11,78 %	REE	3,57 %
ENAGÁS	12,55 %	ENAGÁS	4,51 %	REPSOL	13,08 %
ABERTIS	5,56 %	GAS NATURAL	12,17 %	ACS	20,94 %
GAS NATURAL	4,57 %	OHL	4,53 %	ENAGÁS	−0,95 %
Cartera	**6,42 %**	**Cartera**	**7,61 %**	**Cartera**	**10,71 %**

3

Para inversores que necesitan comprar valores bien considerados

La necesidad de consenso

Si usted necesita comprar valores que estén bien considerados por el mercado, difícilmente se sentirá a gusto con una estrategia de tipo *contrarian*. Sin embargo, seguir el consenso del mercado es difícil de compatibilizar con el deseo de obtener una rentabilidad superior a la del mercado. Aunque no imposible, siempre que esté dispuesto a ceder un poco y compensar su necesidad de consenso con cierto sentido de la contradicción.

En la estrategia anterior, hemos visto que los diez primeros valores por ROCE, entre los cuales suelen encontrarse los mejor valorados por el mercado, no se comportan especialmente bien en Bolsa, aunque tampoco lo hacen mal. Son los que ocupan una posición intermedia los que destacan en este aspecto.

Entonces, ¿por qué no seleccionar los diez primeros valores por ROCE y los cinco siguientes? De esta forma, tendrá una cartera con varios de los valores mejor considerados, y además bien diversificada. Con los diez primeros valores de la clasificación, introducirá el componente de consenso que necesita para sentirse cómodo, pero lo relativizará incorporando los cinco siguientes de la lista.

Por eso, a esta estrategia, y a la cartera que resulta de su aplicación, la denomino «Consenso Relativo».

Rentabilidad de la estrategia Consenso Relativo

Una cartera invertida en los valores de las quince empresas con mayor ROCE del índice IBEX-35 generó una rentabilidad del 8,37 % anual entre el 31 de marzo de 2006 y el 30 de septiembre de 2013. En el mismo período, la referencia del mercado, o sea la rentabilidad media de las empresas presentes en dicho índice, fue del 2,43 % anual. Supone una ventaja para la estrategia de casi el 6 % anual de promedio.

Se trata de una rentabilidad muy interesante teniendo en cuenta que la cartera estuvo muy diversificada. Como el número medio de empresas en el IBEX-35 fue de 28 en el período considerado (el resto fueron entidades financieras), la cartera estuvo compuesta por más de la mitad del total de valores de referencia. Una elevada diversificación tiende a suprimir cualquier ventaja sobre el mercado, pero no ocurrió así en este caso.

Cien euros invertidos el 31 de marzo de 2006 en una cartera con los quince valores con una ROCE más elevada se habrían convertido en 182,7 euros el 30 de septiembre de 2013 mientras que se hubieran quedado en 72,1 euros si se hubieran invertido en el resto de valores (entre doce y quince según el trimestre). La diferencia es de más del doble.

Hay que tener en cuenta que siempre se habrían seleccionado los quince valores mejor posicionados. En marzo de 2006, el valor medio de la ROCE de las empresas del IBEX-35 fue del 17,3 %. Debido a la caída de beneficios durante la crisis, en marzo de 2010 este valor se fue degradando hasta el 8,7 %, justo la mitad. Luego se recuperó hasta cerca del 11 % para volver a caer a continuación al 9,2 % en septiembre de 2012. El criterio de selección comentado no hubiera supuesto la exclusión de empresa alguna como consecuencia de la caída generalizada de la rentabilidad empresarial.

En junio de 2012, cuando Grecia se situó al borde de la quiebra y se especulaba con la salida del euro de varios países del sur de Europa, el interés de la deuda pública española a 10 años alcanzó la preocupante cifra de un 7,25 %. El decimoquinto valor seleccionado el 30 de junio de aquel año, Abengoa, tenía una ROCE por debajo de ese interés. Esto significa que si un banco podía comprar deuda del gobierno al 7 %, poco incentivo hubiera tenido en prestar dinero a tasas inferiores a una entidad privada, ya que prestar al gobierno tiene, al menos en teoría, menos riesgo. Por otro lado, si Abengoa hubiese querido hacer una emisión de deuda, hubiera tenido que pagar más de un 7 % para competir con el interés de la deuda pública, es decir, más de lo que rendía su propio negocio. Contra todo pronóstico, Abengoa subió un 33 % en el trimestre y el IBEX, un 10 %.

Con esto quiero decir que el criterio no tiene en cuenta las circunstancias, ya que consiste en elegir siempre los quince valores mejor situados.

A este respecto, podemos preguntarnos qué pasaba con los valores que ocupaban las posiciones intermedias en la clasificación de la ROCE, es decir, aquellos que formaban parte de la cartera Término Medio. Obviamente, al caer la ROCE de todas las empresas, también caía la de las empresas que ocupaban las posiciones medias. Pero la cartera Término Medio siguió batiendo al mercado en este contexto. Esto prueba que el factor determinante de la rentabilidad en Bolsa no fue tanto el valor de la ROCE como la posición relativa que ocupaban las empresas en la clasificación.

Menos riesgo y más rentabilidad

Seguramente habrá oído hablar de la relación inversa entre el riesgo y la rentabilidad: a cambio de obtener más rentabilidad uno debe asumir un mayor nivel de riesgo, o a cambio de una mayor seguridad uno debe aceptar una menor rentabilidad.

Sin embargo, una buena selección de valores puede aumentar la rentabilidad respecto a un índice de referencia y reducir el riesgo. Un criterio idóneo en este sentido es el que acabamos de ver.

De los treinta trimestres entre el 31 de marzo de 2006 y el 30 de septiembre de 2013, dieciséis de ellos fueron de rentabilidad negativa para el IBEX-35 y quince para la media de las empresas de dicho índice, frente a solo diez para una cartera compuesta por los quince primeros valores por ROCE.

En veintiuno de los treinta trimestres, la cartera produjo una rentabilidad superior a la media de referencia. De hecho, solo en cinco trimestres la desventaja fue superior al 3 % (en los otros cuatro la desventaja fue insignificante).

Rentabilidad anual de la cartera Consenso Relativo

En el cuadro siguiente puede verse que la cartera Consenso Relativo tiende a mantener ventaja sobre el mercado y tiene una volatilidad menor.

Año	Rentabilidad			
	IBEX-35	IBEX Empresas	Consenso Relativo	Ventaja Consenso Relativo
2006 (9 meses)*	22,36 %	21,60 %	13,82 %	−7,78 %
2007	10,71 %	0,44 %	13,51 %	**13,08 %**
2008	−36,50 %	−37,43 %	−26,32 %	**11,12 %**
2009	38,27 %	36,81 %	36,26 %	−0,55 %
2010	−12,93 %	−5,26 %	−0,10 %	**5,17 %**
2011	−7,75 %	−6,71 %	−2,28 %	**4,43 %**
2012	2,78 %	4,45 %	17,99 %	**13,55 %**
2013 (9 meses)**	16,86 %	24,06 %	22,27 %	−1,79 %

* Del 31 de marzo al 31 de diciembre.
** Del 1 de enero al 30 de septiembre.

Recapitulación

- Período: 31 de marzo de 2006-30 de septiembre de 2013.
- Rentabilidad media de la estrategia: 8,37 % anual.
- Rentabilidad de la referencia: 2,43 % anual.
- Ventaja respecto a la referencia: 5,94 % anual.
- Número de valores que batieron al mercado: 248 de 450 (55,1 % del total).
- Número de trimestres en que la estrategia batió al mercado: 21 de 30 (70 % del total).

Actualización de esta estrategia: la cartera Consenso Relativo puede encontrarse actualizada en www.invertirlowcost.com.

Anexo 3. La cartera Consenso Relativo

Estrategia basada en la ROCE (2 tramos)
(marzo 2006-septiembre 2013)

Carteras	Valor de 100 €	Rentabilidad media anual
15 A	**182,7 €**	**8,37 %**
12-15 B	72,1 €	−4,26 %
Referencias		
IBEX-35	114,8 €	1,85 %
IBEX empresas	119,7 €	2,43 %

Valor de 100 €: indica en cuánto se habrían convertido, el 30 de septiembre de 2013, 100 euros invertidos el 31 de marzo de 2006.

15 A: quince primeros valores en la clasificación por ROCE. Forman la cartera Consenso Relativo.

12-15 B: grupo de valores situados a partir de la posición decimosexta. Puede estar compuesto por entre doce y quince empresas.

Rentabilidad y ventaja trimestral de la cartera
Consenso Relativo

Trimestre	IBEX	Empresas	Consenso	Relativo	Ventaja
31 marzo 2006		100,0 €		100,0 €	
abril-junio 2006	–2,7 %	97,3 €	–2,0 %	98,0 €	0,7 %
julio-septiembre 2006	11,9 %	108,8 €	8,1 %	105,9 €	–3,7 %
octubre-diciembre 2006	11,7 %	121,6 €	7,5 %	113,8 €	–4,3 %
enero-marzo 2007	7,0 %	130,1 €	8,2 %	123,1 €	1,2 %
abril-junio 2007	–0,7 %	129,1 €	2,9 %	126,7 €	3,6 %
julio-septiembre 2007	–3,6 %	124,5 €	1,4 %	128,5 €	5,0 %
octubre-diciembre 2007	–1,9 %	122,1 €	0,6 %	129,2 €	2,5 %
enero-marzo 2008	–10,4 %	109,4 €	–7,2 %	119,9 €	3,2 %
abril-junio 2008	–8,4 %	100,3 €	–3,5 %	115,7 €	4,9 %
julio-septiembre 2008	–13,3 %	87,0 €	–9,3 %	105,0 €	4,0 %
octubre-diciembre 2008	–12,2 %	76,4 €	–9,3 %	95,2 €	2,8 %
enero-marzo 2009	–13,6 %	66,0 €	–13,7 %	82,2 €	–0,1 %
abril-junio 2009	30,8 %	86,4 €	30,6 %	107,4 €	–0,2 %
julio-septiembre 2009	20,4 %	104,0 €	17,2 %	125,8 €	–3,3 %
octubre-diciembre 2009	0,5 %	104,5 €	3,1 %	129,7 €	2,6 %
enero-marzo 2010	–1,3 %	103,2 €	–0,4 %	129,2 €	0,9 %
abril-junio 2010	–17,9 %	84,7 €	–15,5 %	109,1 €	2,4 %
julio-septiembre 2010	13,0 %	95,7 €	14,9 %	125,3 €	1,8 %
octubre-diciembre 2010	3,4 %	99,0 €	3,4 %	129,6 €	0,0 %
enero-marzo 2011	13,1 %	112,0 €	8,0 %	140,0 €	–5,1 %
abril-junio 2011	–1,6 %	110,2 €	1,6 %	142,1 €	3,2 %
julio-septiembre 2011	–19,2 %	89,0 €	–15,1 %	120,6 €	4,1 %
octubre-diciembre 2011	3,8 %	92,4 €	5,0 %	126,6 €	1,2 %
enero-marzo 2012	–3,5 %	89,2 €	1,3 %	128,2 €	4,7 %
abril-junio 2012	–10,7 %	79,7 €	–7,2 %	119,0 €	3,5 %
julio-septiembre 2012	10,0 %	87,6 €	13,3 %	134,9 €	3,4 %
octubre-diciembre 2012	10,2 %	96,5 €	10,7 %	149,4 €	0,6 %
enero-marzo 2013	0,8 %	97,3 €	5,3 %	157,4 €	4,5 %
abril-junio 2013	4,1 %	101,3 €	3,5 %	162,9 €	–0,6 %
julio-septiembre 2013	18,1 %	119,7 €	12,1 %	182,7 €	–6,0 %

Composición de la cartera Consenso Relativo (1)

31 marzo 2006-30 junio 2006		30 junio 2006-30 septiembre 2006		30 septiembre 2006-31 diciembre 2006	
ANTENA 3	−14,09 %	ANTENA 3	−9,69 %	TELECINCO	7,36 %
TELECINCO	−3,30 %	TELECINCO	7,20 %	ANTENA 3	13,51 %
TPI	−4,82 %	TPI	−1,18 %	INDITEX	11,02 %
INDITEX	3,55 %	INDITEX	13,49 %	INDRA	8,45 %
INDRA	−8,52 %	INDRA	14,33 %	REPSOL	11,63 %
REPSOL	−4,48 %	REPSOL	6,16 %	ALTADIS	5,90 %
ALTADIS	1,38 %	ALTADIS	1,30 %	FCC	22,54 %
ARCELOR	15,70 %	ARCELOR	15,55 %	ENDESA	6,80 %
TELEFÓNICA	2,47 %	TELEFÓNICA	4,99 %	FADESA	0,29 %
FCC	−2,70 %	FCC	7,40 %	ENAGÁS	−7,80 %
PRISA	−17,70 %	PRISA	2,87 %	TELEFÓNICA	20,12 %
ENAGÁS	2,02 %	ENAGÁS	16,01 %	GAS NATURAL	4,31 %
ENDESA	2,06 %	ENDESA	27,42 %	IBERDROLA	−6,12 %
ABERTIS	−8,84 %	ABERTIS	13,05 %	U. FENOSA	−6,92 %
GAMESA	6,64 %	GAMESA	3,10 %	GAMESA	20,66 %
Cartera	−2,04 %	Cartera	8,13 %	Cartera	7,45 %
31 diciembre 2006-31 marzo 2007		31 marzo 2007-30 junio 2007		30 junio 2007-30 septiembre 2007	
TELECINCO	0,23 %	TELECINCO	3,19 %	TELECINCO	−12,50 %
ANTENA 3	−6,17 %	ANTENA 3	−5,33 %	ANTENA 3	−16,19 %
INDITEX	14,02 %	INDITEX	−5,93 %	INDITEX	9,89 %
INDRA	3,28 %	INDRA	−1,85 %	INDRA	4,75 %
REPSOL	−2,29 %	ACERINOX	−4,25 %	ACERINOX	17,14 %
ALTADIS	22,50 %	REPSOL	15,89 %	REPSOL	−13,13 %
FCC	0,97 %	ALTADIS	2,35 %	ALTADIS	1,50 %
ENDESA	14,37 %	ENDESA	−0,67 %	ENDESA	2,54 %
FADESA	−2,99 %	GAS NATURAL	28,39 %	GAS NATURAL	−10,90 %
ENAGÁS	10,84 %	GAMESA	0,41 %	GAMESA	6,11 %
TELEFÓNICA	2,36 %	ENAGÁS	−5,22 %	ENAGÁS	0,71 %
GAS NATURAL	18,44 %	TELEFÓNICA	2,06 %	TELEFÓNICA	18,68 %
IBERDROLA	8,25 %	U. FENOSA	−1,78 %	U. FENOSA	6,23 %
U. FENOSA	8,75 %	REE	−1,39 %	REE	6,16 %
GAMESA	29,98 %	IBERDROLA	17,29 %	IBERDROLA	0,66 %
Cartera	8,17 %	Cartera	2,88 %	Cartera	1,44 %

Composición de la cartera Consenso Relativo (2)

30 septiembre 2007- 31 diciembre 2007		31 diciembre 2007- 31 marzo 2008		31 marzo 2008- 30 junio 2008	
TELECINCO	−4,89 %	TELECINCO	−26,38 %	TELECINCO	−26,92 %
ANTENA 3	−15,84 %	INDITEX	−16,25 %	TÉCNICAS R.	10,96 %
INDITEX	−11,09 %	ACERINOX	4,93 %	INDITEX	−16,85 %
ACERINOX	−19,76 %	INDRA	−1,83 %	INDRA	−9,43 %
INDRA	−0,16 %	ALTADIS	0,58 %	GRIFOLS	22,71 %
ALTADIS	0,75 %	REPSOL	−8,29 %	TELEFÓNICA	−5,05 %
REPSOL	−2,67 %	GRIFOLS	8,18 %	REPSOL	14,50 %
GAS NATURAL	1,06 %	GAS NATURAL	−1,02 %	ACERINOX	−16,12 %
ENDESA	−9,33 %	ENDESA	−7,24 %	GAS NATURAL	−5,46 %
TELEFÓNICA	14,98 %	TELEFÓNICA	−18,09 %	ENAGÁS	−4,91 %
ENAGÁS	9,96 %	ENAGÁS	−4,10 %	ENDESA	−6,86 %
GAMESA	11,62 %	GAMESA	−9,63 %	U. FENOSA	−13,04 %
REE	18,95 %	REE	−9,42 %	GAMESA	8,82 %
U. FENOSA	11,35 %	U. FENOSA	−6,52 %	ACS	−11,53 %
AGBAR	3,30 %	AGBAR	−12,39 %	REE	6,63 %
Cartera	**0,55 %**	**Cartera**	**−7,16 %**	**Cartera**	**−3,50 %**
30 junio 2008- 30 septiembre 2008		30 septiembre 2008- 31 diciembre 2008		31 diciembre 2008- 31 marzo 2009	
TELECINCO	−11,58 %	TELECINCO	5,15 %	TELECINCO	−30,86 %
TÉCNICAS R.	−43,00 %	TÉCNICAS R.	−38,30 %	TÉCNICAS R.	33,35 %
INDITEX	5,06 %	INDITEX	5,52 %	INDITEX	−6,32 %
INDRA	4,60 %	INDRA	−3,52 %	INDRA	−10,32 %
GRIFOLS	−11,29 %	GRIFOLS	−31,61 %	GRIFOLS	−11,86 %
TELEFÓNICA	−0,53 %	REPSOL	−27,75 %	REPSOL	−13,68 %
REPSOL	−14,50 %	TELEFÓNICA	−2,62 %	TELEFÓNICA	−5,24 %
ACERINOX	−13,12 %	GAS NATURAL	−26,04 %	GAS NATURAL	−35,28 %
GAS NATURAL	−27,67 %	IBERIA	15,79 %	IBERIA	−20,20 %
ENAGÁS	−13,57 %	U. FENOSA	2,84 %	U. FENOSA	3,10 %
ENDESA	−13,54 %	ENAGÁS	2,37 %	ENAGÁS	−29,76 %
U. FENOSA	42,41 %	ENDESA	11,20 %	ENDESA	−30,15 %
GAMESA	−23,06 %	REE	0,42 %	REE	−17,09 %
ACS	−7,65 %	GAMESA	−46,96 %	GAMESA	−24,18 %
REE	−11,61 %	ABERTIS	−6,66 %	ABERTIS	−6,59 %
Cartera	**−9,27 %**	**Cartera**	**−9,34 %**	**Cartera**	**−13,67 %**

Composición de la cartera Consenso Relativo (3)

31 marzo 2009-30 junio 2009		30 junio 2009-30 septiembre 2009		30 septiembre 2009-31 diciembre 2009	
TELECINCO	44,06 %	TELECINCO	29,62 %	TÉCNICAS R.	7,41 %
TÉCNICAS R.	40,65 %	TÉCNICAS R.	13,02 %	TELECINCO	17,98 %
INDITEX	18,30 %	INDITEX	14,75 %	INDITEX	11,94 %
INDRA	6,23 %	INDRA	14,42 %	INDRA	−3,40 %
GRIFOLS	18,18 %	GRIFOLS	3,42 %	GRIFOLS	−5,12 %
TELEFÓNICA	10,65 %	TELEFÓNICA	16,97 %	TELEFÓNICA	6,18 %
REPSOL	27,42 %	REPSOL	19,92 %	ENDESA	6,02 %
GAS NATURAL	26,04 %	GAS NATURAL	20,28 %	REE	11,41 %
ENDESA	21,16 %	ENDESA	32,36 %	GAMESA	−23,06 %
REE	9,56 %	MITTAL	12,84 %	ENAGÁS	10,04 %
ENAGÁS	31,40 %	REE	11,15 %	OHL	5,46 %
GAMESA	41,93 %	ENAGÁS	4,64 %	REPSOL	0,75 %
OHL	115,13 %	GAMESA	13,32 %	ABERTIS	3,29 %
ABERTIS	22,24 %	OHL	35,20 %	IBERDROLA	−0,33 %
FCC	26,72 %	ABERTIS	15,75 %	ACCIONA	−2,04 %
Cartera	**30,64 %**	**Cartera**	**17,18 %**	**Cartera**	**3,10 %**
31 diciembre 2009-31 marzo 2010		31 marzo 2010-30 junio 2010		30 junio 2010-30 septiembre 2010	
TÉCNICAS R.	17,64 %	TÉCNICAS R.	−19,31 %	TÉCNICAS R.	5,91 %
TELECINCO	16,22 %	INDITEX	−2,32 %	INDITEX	23,77 %
INDITEX	12,49 %	TELECINCO	−36,92 %	TELECINCO	10,23 %
INDRA	−7,78 %	INDRA	−13,18 %	INDRA	11,15 %
GRIFOLS	−9,34 %	TELEFÓNICA	−9,32 %	TELEFÓNICA	19,08 %
TELEFÓNICA	−10,14 %	GRIFOLS	−23,69 %	GRIFOLS	26,16 %
ENDESA	−9,52 %	ENDESA	−17,30 %	ENDESA	15,25 %
REE	3,31 %	REE	−25,92 %	REE	20,44 %
GAMESA	−13,84 %	ENAGÁS	−23,66 %	ENAGÁS	23,70 %
ENAGÁS	5,18 %	OHL	−12,05 %	OHL	12,02 %
EBRO	−6,13 %	REPSOL	−4,91 %	REPSOL	15,93 %
OHL	13,29 %	GAS NATURAL	−12,95 %	GAS NATURAL	−4,37 %
REPSOL	−4,14 %	ABERTIS	−10,90 %	ABERTIS	15,46 %
ABERTIS	−9,35 %	IBERDROLA	−23,14 %	IBERDROLA	21,83 %
IBERDROLA	−4,05 %	EBRO	2,42 %	EBRO	6,49 %
Cartera	**−0,41 %**	**Cartera**	**−15,54 %**	**Cartera**	**14,87 %**

Composición de la cartera Consenso Relativo (4)

30 septiembre 2010-31 diciembre 2010		31 diciembre 2010-31 marzo 2011		31 marzo 2011-30 junio 2011	
INDITEX	−2,81 %	INDITEX	1,05 %	TÉCNICAS R.	−16,57 %
TÉCNICAS R.	21,79 %	TÉCNICAS R.	−9,53 %	INDITEX	12,40 %
TELECINCO	1,86 %	TELECINCO	0,91 %	TELEFÓNICA	−0,31 %
INDRA	−8,61 %	INDRA	10,68 %	INDRA	0,57 %
TELEFÓNICA	−3,00 %	TELEFÓNICA	4,10 %	REPSOL	−0,95 %
GRIFOLS	−3,04 %	GRIFOLS	20,59 %	TELECINCO	−21,53 %
ENDESA	−1,73 %	ENDESA	15,85 %	ENDESA	5,03 %
REE	2,06 %	REE	15,59 %	GRIFOLS	12,52 %
REPSOL	10,32 %	REPSOL	18,44 %	FERROVIAL	1,92 %
GAS NATURAL	5,03 %	GAS NATURAL	18,47 %	REE	3,82 %
ENAGÁS	2,44 %	ENAGÁS	6,77 %	EBRO	−2,39 %
EBRO	11,32 %	EBRO	4,74 %	GAS NATURAL	12,45 %
ABERTIS	0,59 %	ABERTIS	13,98 %	ENAGÁS	4,96 %
OHL	10,05 %	OHL	12,44 %	OHL	5,30 %
IBERDROLA	4,80 %	AMADEUS	−13,90 %	AMADEUS	6,00 %
Cartera	**3,40 %**	**Cartera**	**8,01 %**	Cartera	**1,55 %**
30 junio 2011-30 septiembre 2011		30 septiembre 2011-31 diciembre 2011		31 diciembre 2011-31 marzo 2012	
TÉCNICAS R.	−29,95 %	INDITEX	−0,44 %	INDITEX	13,50 %
INDITEX	2,42 %	TÉCNICAS R.	15,23 %	TÉCNICAS R.	12,52 %
TELEFÓNICA	−14,41 %	TELEFÓNICA	−1,87 %	TELEFÓNICA	−8,25 %
INDRA	−19,04 %	AMADEUS	3,90 %	AMADEUS	12,90 %
REPSOL	−14,35 %	INDRA	−9,23 %	INDRA	−7,34 %
TELECINCO	−28,38 %	REPSOL	18,82 %	REPSOL	−20,77 %
ENDESA	−21,83 %	ENDESA	−9,06 %	ENDESA	−5,74 %
GRIFOLS	1,45 %	FERROVIAL	10,83 %	FERROVIAL	−7,53 %
FERROVIAL	−1,49 %	TELECINCO	2,80 %	DIA	6,35 %
REE	−14,71 %	REE	−3,39 %	TELECINCO	−2,49 %
EBRO	−17,74 %	OHL	4,25 %	REE	10,98 %
GAS NATURAL	−11,56 %	EBRO	14,46 %	OHL	15,17 %
ENAGÁS	−14,21 %	ACERINOX	18,18 %	EBRO	1,43 %
OHL	−29,45 %	ENAGÁS	6,23 %	ACERINOX	−2,75 %
AMADEUS	−13,63 %	GAS NATURAL	3,83 %	ENAGÁS	0,98 %
Cartera	**−15,13 %**	**Cartera**	**4,97 %**	Cartera	**1,26 %**

Composición de la cartera Consenso Relativo (5)

31 marzo 2012-30 junio 2012		30 junio 2012-30 septiembre 2012		30 septiembre 2012-31 diciembre 2012	
TÉCNICAS R.	5,30 %	TÉCNICAS R.	12,36 %	INDITEX	10,21 %
INDITEX	14,96 %	INDITEX	18,52 %	TÉCNICAS R.	−3,04 %
AMADEUS	18,02 %	AMADEUS	9,88 %	DIA	11,99 %
DIA	−0,19 %	DIA	19,31 %	AMADEUS	5,07 %
INDRA	−20,27 %	INDRA	13,45 %	INDRA	32,89 %
ENDESA	−7,40 %	ENDESA	13,04 %	ENDESA	12,84 %
REE	−6,21 %	REE	12,25 %	OHL	22,28 %
OHL	−25,09 %	OHL	10,12 %	GRIFOLS	2,57 %
TELECINCO	−8,00 %	TELECINCO	10,27 %	REE	1,10 %
TELEFÓNICA	−9,63 %	TELEFÓNICA	0,05 %	TELEFÓNICA	−1,78 %
EBRO	−5,80 %	REPSOL	19,38 %	REPSOL	4,88 %
REPSOL	−32,80 %	ENAGÁS	11,56 %	ENAGÁS	8,18 %
ENAGÁS	−0,42 %	GAS NATURAL	9,01 %	ABERTIS	11,69 %
GAS NATURAL	−15,65 %	ABERTIS	7,56 %	GAS NATURAL	23,29 %
ABERTIS	−14,19 %	ABENGOA	33,41 %	ACS	18,78 %
Cartera	**−7,16 %**	**Cartera**	**13,34 %**	**Cartera**	**10,73 %**
31 diciembre 2012-31 marzo 2013		31 marzo 2013-30 junio 2013		30 junio 2013-30 septiembre 2013	
INDITEX	−1,99 %	INDITEX	−7,21 %	INDITEX	20,10 %
TÉCNICAS R.	6,11 %	TÉCNICAS R.	−3,45 %	TÉCNICAS R.	−2,05 %
DIA	12,18 %	DIA	7,67 %	DIA	12,56 %
VISCOFÁN	−4,45 %	VISCOFÁN	−4,21 %	VISCOFÁN	9,82 %
AMADEUS	11,94 %	AMADEUS	16,51 %	AMADEUS	6,70 %
INDRA	−7,19 %	INDRA	6,89 %	INDRA	14,98 %
ENDESA	−2,28 %	ENDESA	−0,45 %	ENDESA	17,37 %
OHL	16,81 %	OHL	4,53 %	JAZZTEL	34,51 %
GRIFOLS	9,73 %	GRIFOLS	−2,51 %	GRIFOLS	7,62 %
REE	7,04 %	REE	7,64 %	EBRO	6,84 %
TELEFÓNICA	2,94 %	TELEFÓNICA	−6,15 %	TELEFÓNICA	16,91 %
REPSOL	6,48 %	REPSOL	5,08 %	REE	3,57 %
ENAGÁS	12,55 %	ENAGÁS	4,51 %	REPSOL	13,08 %
ABERTIS	5,56 %	ACS	11,78 %	ACS	20,94 %
GAS NATURAL	4,57 %	GAS NATURAL	12,17 %	ENAGÁS	−0,95 %
Cartera	**5,33 %**	**Cartera**	**3,52 %**	**Cartera**	**12,13 %**

4

Para inversores indecisos

La necesidad de equilibrio

La estrategia basada en el PER (estrategia número uno) es de
tipo *contrarian* o contradictorio porque se trata de elegir los
valores más baratos, que en Bolsa es sinónimo de peor considerados. Tal vez reconozca usted el mérito de las personas que
son capaces de ir a contracorriente, pero quizá crea que este
estilo no acaba de cuadrar con su personalidad. O tal vez considera que está bien comprar barato siempre y cuando lo barato
no oculte algún problema grave, especialmente en lo que se re-
fiere a la solvencia de la empresa.

Quizá lo que usted necesita para lanzarse es sentirse un
poco más seguro. Usted quisiera, por ejemplo, comprar las empresas más solventes. Pero recuerde lo que vimos en el apartado
5 de la segunda parte: las diez empresas más solventes del IBEX-
35 fueron menos rentables, como grupo, que las diez empresas
con solvencia mediana, incluso en un período (marzo de 2006-
diciembre de 2012) que estuvo dominado por una crisis de solvencia a nivel de los bancos y las administraciones públicas, y
en un contexto de dificultad de las empresas para obtener financiación. En teoría, en este período las empresas con menos

problemas de deuda deberían haber actuado como refugio, pero en la práctica no fue así.

A veces, la indecisión se debe a la dificultad de hallar un equilibrio entre dos deseos que se consideran contrapuestos. Puede que le atraiga el riesgo de ir a contracorriente, pero se siente frenado por su deseo de seguridad. A esa necesidad de equilibrio la llamamos conflicto cuando no le encontramos una solución. Normalmente, estas situaciones pueden resolverse de la manera inversa a como las planteamos: buscando la complementariedad de los opuestos.

Por ejemplo, en el caso que nos ocupa, puede tratar de combinar el criterio del PER, propio de los espíritus contradictorios, con la solvencia, criterio de consenso. Pero con una pequeña concesión: descartar las cinco empresas más solventes. A cambio, usted no elegirá cada uno de los cinco valores más baratos según el PER, entre los cuales puede haber algunos problemáticos, ya que estos quedarán eliminados si no cumplen el criterio de la solvencia. Si el trato le parece bien, podemos continuar adelante.

¿Por qué descartar las cinco empresas más solventes? Porque demasiada poca deuda puede significar que la empresa no encuentra oportunidades de negocio o que no sabe cómo obtener del dinero una rentabilidad superior al tipo de interés. Tampoco hay que sacar la conclusión de que es necesariamente negativo para una empresa endeudarse poco. La sociedad más rentable del IBEX-35 en los últimos años ha sido Inditex, que carece de deuda financiera. Sin embargo, las empresas poco endeudadas se han comportado, en conjunto, peor que el mercado.

El grupo «peligroso»

Puede que recuerde que el segundo grupo de valores más barato según el PER obtenía resultados mucho peores que el primero. Pero ahora se trata de bajar por la clasificación del PER para evitar los valores del primer grupo que no cumplen la condición de la solvencia. Tiene que abandonar el primer grupo, donde se concentran los problemáticos, para meterse en ese segundo grupo, donde puede que no haya valores tan conflictivos, pero que es mucho menos rentable. Usted quería seguridad y le llevó a un lugar más peligroso.

Este es uno de los intríngulis de la selección de valores. Si un valor se encuentra en un grupo que suele comportarse mal en Bolsa, eso no significa que debamos descartarlo si sale elegido según el criterio que estamos utilizando. En todas las carteras seleccionadas con el mayor cuidado siempre habrá una o varias ovejas negras. Y en todos los grupos cuya rentabilidad media sea consistentemente negativa, normalmente habrá algunos valores con un comportamiento positivo.

Por tanto, este criterio de selección consiste en elegir de entre las empresas con menor PER aquellas que tengan una solvencia media, es decir, que ocupen una posición por debajo de la quinta, pero sin estar entre las diez últimas, en la clasificación por solvencia. Suele definirse la solvencia como el cociente entre la deuda financiera neta (básicamente, lo que una empresa debe a los bancos y a los inversores que han adquirido sus títulos de deuda, menos el dinero en efectivo y los activos fácilmente convertibles en dinero que la empresa posee) y el beneficio de explotación. Se trata, en definitiva, de aplicar el filtro de la solvencia media entre las empresas de menor PER hasta alcanzar cinco valores.

Este modo de proceder hubiera descartado, por ejemplo, uno de los peores valores seleccionados aplicando únicamente el criterio del PER: la inmobiliaria Colonial en diciembre de 2007. Recuerde que esta empresa hubiera resultado elegida debido a los elevados beneficios declarados como consecuencia de una revalorización de activos. Sin embargo, el balance de situación nos hubiera revelado que su solvencia estaba muy lejos de ser óptima: la deuda financiera de la empresa equivalía a 45 veces su beneficio de explotación, cuando lo habitual es que este ratio esté entre 3 y 7 veces.

La rentabilidad de la cartera seleccionada combinando el criterio del PER junto al de la solvencia media fue del 14,22 % anual en el período considerado, frente a una rentabilidad del 2,43 % anual de la referencia del mercado. La ventaja, pues, fue del 11,79 % anual.

En la estrategia basada únicamente en el PER, la rentabilidad media era del 7,45 % anual. Este resultado se obtenía eligiendo los cinco primeros valores en la clasificación del PER. Pero ahora las carteras contienen algunos valores del segundo grupo por PER, que era mucho menos rentable que el primero. Aun así, hemos conseguido superar la rentabilidad de la cartera basada solo en el PER en casi un 7 % anual.

En tanto que la combinación de un criterio *contrarian* con otro de cierto consenso produce una estrategia que resuelve el conflicto, podemos denominar la estrategia resultante, y la cartera asociada a la misma, como «Contrapunto», en el sentido que tiene esta palabra en el lenguaje musical, es decir, el de «concordancia armoniosa de voces contrapuestas». Aquí solo tenemos que sustituir voces por criterios.

Rentabilidad anual de la cartera Contrapunto

El cuadro siguiente muestra la rentabilidad anual de la cartera Contrapunto y de las referencias del mercado. La cartera obtuvo ventaja casi todos los años considerados, destacando en particular en 2008 y 2012.

Año	Rentabilidad			
	IBEX-35	IBEX Empresas	Contrapunto	Ventaja Contrapunto
2006 (9 meses)*	22,36 %	21,60 %	28,07 %	**6,47 %**
2007	10,71 %	0,44 %	11,67 %	**11,23 %**
2008	−36,50 %	−37,43 %	−16,07 %	**21,37 %**
2009	38,27 %	36,81 %	33,18 %	−3,62 %
2010	−12,93 %	−5,26 %	−0,75 %	**4,51 %**
2011	−7,75 %	−6,71 %	1,17 %	**7,88 %**
2012	2,78 %	4,45 %	33,31 %	**28,87 %**
2013 (9 meses)**	16,86 %	24,06 %	26,70 %	**2,64 %**
* Del 31 de marzo al 31 de diciembre.				
** Del 1 de enero al 30 de septiembre.				

Recapitulación

- Período: 31 de marzo de 2006-30 de septiembre de 2013.
- Rentabilidad media de la estrategia: 14,22 % anual.
- Rentabilidad de la referencia: 2,43 % anual.
- Ventaja respecto a la referencia: 11,79 % anual.
- Número de valores que batieron al mercado: 81 de 150 (54 % del total).
- Número de trimestres en que la estrategia batió al mercado: 18 de 30 (60 % del total).

Actualización de esta estrategia: la cartera Contrapunto puede encontrarse actualizada en www.invertirlowcost.com.

Anexo 4. La cartera Contrapunto

Estrategia basada en el PER y la solvencia media
(marzo 2006–septiembre 2013)

	Valor de 100 €	Rentabilidad media anual
Cartera Contrapunto	271,1 €	14,22 %
Referencias		
IBEX-35	114,8 €	1,85 %
IBEX empresas	119,7 €	2,43 %

Valor de 100 €: indica en cuánto se habrían convertido, el 30 de septiembre de 2013, 100 euros invertidos el 31 de marzo de 2006.

Rentabilidad y ventaja trimestral de la cartera Contrapunto

Trimestre	IBEX	Empresas	Contrapunto		Ventaja
31 marzo 2006		100,0 €		100,0 €	
abril-junio 2006	−2,7 %	97,3 €	0,3 %	100,3 €	3,0 %
julio-septiembre 2006	11,9 %	108,8 €	19,2 %	119,5 €	7,3 %
octubre-diciembre 2006	11,7 %	121,6 €	7,2 %	128,1 €	−4,6 %
enero-marzo 2007	7,0 %	130,1 €	3,8 %	133,0 €	−3,1 %
abril-junio 2007	−0,7 %	129,1 €	0,3 %	133,4 €	1,0 %
julio-septiembre 2007	−3,6 %	124,5 €	6,2 %	141,6 €	9,8 %
octubre-diciembre 2007	−1,9 %	122,1 €	1,0 %	143,0 €	2,9 %
enero-marzo 2008	−10,4 %	109,4 €	−11,4 %	126,7 €	−1,0 %
abril-junio 2008	−8,4 %	100,3 €	−4,4 %	121,2 €	4,0 %
julio-septiembre 2008	−13,3 %	87,0 €	1,3 %	122,8 €	14,6 %
octubre-diciembre 2008	−12,2 %	76,4 €	−2,2 %	120,0 €	10,0 %
enero-marzo 2009	−13,6 %	66,0 €	−21,7 %	94,0 €	−8,1 %
abril-junio 2009	30,8 %	86,4 €	41,0 %	132,5 €	10,2 %
julio-septiembre 2009	20,4 %	104,0 €	17,5 %	155,7 €	−2,9 %
octubre-diciembre 2009	0,5 %	104,5 €	2,7 %	159,9 €	2,2 %
enero-marzo 2010	−1,3 %	103,2 €	−3,8 %	153,7 €	−2,6 %
abril-junio 2010	−17,9 %	84,7 €	−9,8 %	138,6 €	8,1 %
julio-septiembre 2010	13,0 %	95,7 €	12,8 %	156,3 €	−0,3 %
octubre-diciembre 2010	3,4 %	99,0 €	1,5 %	158,7 €	−1,9 %
enero-marzo 2011	13,1 %	112,0 €	11,5 %	176,9 €	−1,6 %
abril-junio 2011	−1,6 %	110,2 €	3,6 %	183,4 €	5,2 %
julio-septiembre 2011	−19,2 %	89,0 €	−12,7 %	160,0 €	6,5 %
octubre-diciembre 2011	3,8 %	92,4 €	0,3 %	160,5 €	−3,5 %
enero-marzo 2012	−3,5 %	89,2 €	3,1 %	165,5 €	6,6 %
abril-junio 2012	−10,7 %	79,7 €	−2,8 %	160,8 €	7,9 %
julio-septiembre 2012	10,0 %	87,6 €	9,9 %	176,7 €	−0,1 %
octubre-diciembre 2012	10,2 %	96,5 €	21,1 %	214,0 €	10,9 %
enero-marzo 2013	0,8 %	97,3 €	6,1 %	227,1 €	5,3 %
abril-junio 2013	4,1 %	101,3 €	6,6 %	242,0 €	2,5 %
julio-septiembre 2013	18,1 %	119,7 €	12,0 %	271,1 €	−6,1 %

Composición de la cartera Contrapunto (1)

31 marzo 2006- 30 junio 2006		30 junio 2006- 30 septiembre 2006		30 septiembre 2006- 31 diciembre 2006	
ENDESA	2,06 %	REPSOL	6,16 %	REPSOL	11,63 %
REPSOL	−4,48 %	ENDESA	27,42 %	ENDESA	6,80 %
GAS NATURAL	−0,08 %	U. FENOSA	34,56 %	TELEFÓNICA	20,12 %
TELEFÓNICA	2,47 %	GAS NATURAL	22,66 %	U. FENOSA	−6,92 %
ALTADIS	1,38 %	TELEFÓNICA	4,99 %	GAS NATURAL	4,31 %
Cartera	**0,27 %**	**Cartera**	**19,16 %**	**Cartera**	**7,19 %**
31 diciembre 2006- 31 marzo 2007		31 marzo 2007- 30 junio 2007		30 junio 2007- 30 septiembre 2007	
ENDESA	14,37 %	ACERINOX	−4,25 %	ACERINOX	17,14 %
REPSOL	−2,29 %	TELEFÓNICA	2,06 %	TELEFÓNICA	18,68 %
U. FENOSA	8,75 %	ENDESA	−0,67 %	ENDESA	2,54 %
AGBAR	−3,96 %	FCC	−13,00 %	FCC	−13,67 %
TELEFÓNICA	2,36 %	IBERDROLA	17,29 %	U. FENOSA	6,23 %
Cartera	**3,84 %**	**Cartera**	**0,29 %**	**Cartera**	**6,18 %**
30 septiembre 2007- 31 diciembre 2007		31 diciembre 2007- 31 marzo 2008		31 marzo 2008- 30 junio 2008	
FCC	−9,43 %	FCC	−16,79 %	ACS	−11,53 %
REPSOL	−2,67 %	REPSOL	−8,29 %	REPSOL	14,50 %
TELEFÓNICA	14,98 %	TELEFÓNICA	−18,09 %	TELEFÓNICA	−5,05 %
U. FENOSA	11,35 %	ENDESA	−7,24 %	ENDESA	−6,86 %
ENDESA	−9,33 %	U. FENOSA	−6,52 %	U. FENOSA	−13,04 %
Cartera	**0,98 %**	**Cartera**	**−11,38 %**	**Cartera**	**−4,40 %**
30 junio 2008- 30 septiembre 2008		30 septiembre 2008- 31 diciembre 2008		31 diciembre 2008- 31 marzo 2009	
FCC	−13,14 %	ENDESA	11,20 %	ENDESA	−30,15 %
ACS	−7,65 %	REPSOL	−27,75 %	REPSOL	−13,68 %
TELEFÓNICA	−0,53 %	TELEFÓNICA	−2,62 %	GAS NATURAL	−35,28 %
REPSOL	−14,50 %	ACS	14,68 %	TELEFÓNICA	−5,24 %
U. FENOSA	42,41 %	IBERDROLA	−6,58 %	GAMESA	−24,18 %
Cartera	**1,32 %**	**Cartera**	**−2,21 %**	**Cartera**	**−21,70 %**

(Continúa.)

31 marzo 2009- 30 junio 2009		30 junio 2009- 30 septiembre 2009		30 septiembre 2009- 31 diciembre 2009	
ENDESA	21,16 %	ENDESA	32,36 %	ACCIONA	−2,04 %
OHL	115,13 %	MITTAL	12,84 %	ACS	−2,33 %
GAS NATURAL	26,04 %	GAS NATURAL	20,28 %	ENDESA	6,02 %
REPSOL	27,42 %	ACS	2,05 %	TELEFÓNICA	6,18 %
ACS	15,40 %	REPSOL	19,92 %	OHL	5,46 %
Cartera	**41,03 %**	**Cartera**	**17,49 %**	**Cartera**	**2,66 %**

Composición de la cartera Contrapunto (2)

31 diciembre 2009- 31 mar 2010		31 marzo 2010- 30 junio 2010		30 junio 2010- 30 septiembre 2010	
ACCIONA	−8,69 %	ENDESA	−17,30 %	ENDESA	15,25 %
ENDESA	−9,52 %	GAS NATURAL	−12,95 %	GAS NATURAL	−4,37 %
TELEFÓNICA	−10,14 %	TELEFÓNICA	−9,32 %	IBERDROLA	21,83 %
OHL	13,29 %	OHL	−12,05 %	TELEFÓNICA	19,08 %
IBERDROLA	−4,05 %	EBRO	2,42 %	OHL	12,02 %
Cartera	**−3,83 %**	**Cartera**	**−9,84 %**	**Cartera**	**12,76 %**
30 septiembre 2010- 31 dic 2010		31 diciembre 2010- 31 marzo 2011		31 marzo 2011- 30 junio 2011	
ENDESA	−1,73 %	ENDESA	15,85 %	FERROVIAL	1,92 %
GAS NATURAL	5,03 %	GAS NATURAL	18,47 %	ENDESA	5,03 %
TELEFÓNICA	−3,00 %	TELEFÓNICA	4,10 %	REPSOL	−0,95 %
ENAGÁS	2,44 %	ENAGÁS	6,77 %	TELEFÓNICA	−0,31 %
IBERDROLA	4,80 %	OHL	12,44 %	GAS NATURAL	12,45 %
Cartera	**1,51 %**	**Cartera**	**11,53 %**	**Cartera**	**3,63 %**
30 junio 2011- 30 septiembre 2011		30 septiembre 2011- 31 diciembre 2011		31 diciembre 2011- 31 marzo 2012	
FERROVIAL	−1,49 %	FERROVIAL	10,83 %	FERROVIAL	−7,53 %
ENDESA	−21,83 %	IAG	−2,25 %	ENDESA	−5,74 %
REPSOL	−14,35 %	ENDESA	−9,06 %	IBERIA	24,08 %
TELEFÓNICA	−14,41 %	TELEFÓNICA	−1,87 %	TELEFÓNICA	−8,25 %
GAS NATURAL	−11,56 %	AMADEUS	3,90 %	AMADEUS	12,90 %
Cartera	**−12,73 %**	**Cartera**	**0,31 %**	**Cartera**	**3,09 %**

(Continúa.)

131

31 marzo 2012- 30 junio 2012		30 junio 2012- 30 septiembre 2012		30 septiembre 2012- 31 diciembre 2012	
IBERIA (IAG)	−8,57 %	IBERIA (IAG)	−5,22 %	OHL	22,28 %
ENDESA	−7,40 %	GAMESA	16,11 %	IBERDROLA	18,76 %
GAS NATURAL	−15,65 %	GAS NATURAL	9,01 %	GAS NATURAL	23,29 %
AMADEUS	18,02 %	OHL	10,12 %	INDRA	32,89 %
ENAGÁS	−0,42 %	REPSOL	19,38 %	ENAGÁS	8,18 %
Cartera	**−2,80 %**	**Cartera**	**9,88 %**	**Cartera**	**21,08 %**
31 diciembre 2012- 31 marzo 2013		31 marzo 2013- 30 junio 2013		30 junio 2013- 30 septiembre 2013	
OHL	16,81 %	OHL	4,53 %	ENDESA	17,37 %
IBERDROLA	−9,88 %	IBERDROLA	11,64 %	IBERDROLA	9,89 %
REPSOL	6,48 %	REPSOL	5,08 %	REPSOL	13,08 %
ENAGÁS	12,55 %	ENDESA	−0,45 %	GAS NATURAL	2,86 %
GAS NATURAL	4,57 %	GAS NATURAL	12,17 %	TELEFÓNICA	16,91 %
Cartera	**6,11 %**	**Cartera**	**6,59 %**	**Cartera**	**12,02 %**

5

Para inversores en busca de la oportunidad

La atracción por el valor

Algunos inversores sienten la necesidad de comprar todas las acciones que les parecen interesantes, lo que puede dar lugar a un exceso de operaciones o a una cartera demasiado diversificada.

Creen que la variedad multiplica las oportunidades y que acertar de vez en cuando con un gran valor es lo que marca la diferencia. En este aspecto, no les falta del todo razón. Pero si el resto de la cartera tiene un comportamiento peor que el mercado, la rentabilidad global no destacará en particular.

Normalmente, estos inversores no pueden resistir la tentación de comprar las acciones a las que otorgan más valor del que, según ellos, les atribuye el resto de los inversores. Por este motivo, los criterios que mejor concuerdan con su personalidad son los de valor, es decir, aquellos que tratan de averiguar si una empresa está infravalorada o no.

Sin embargo, los criterios de valor que dan buen resultado con las acciones no necesariamente coinciden con los que pueden funcionar para otro tipo de activos. Una empresa en dificultades puede ser valiosa si su precio es aún menor que su verdadero valor. Se dice en este caso que la empresa está infravalorada o que tiene valor. Lo que importa no es que antes las acciones costaran 100 y ahora valgan 50. Si ahora valen 50 pero cuestan 25, están baratas. Ahora bien, si cuestan 25 pero valen 10, están carísimas, a pesar de que su precio haya caído un 75 %.

La relación precio-beneficio o PER es un criterio de este tipo, pero probablemente no acabe de cuadrar con lo que usted entiende por valor porque a veces implica seleccionar empresas «problemáticas» y darles demasiado peso en la cartera.

Si desea comprar empresas infravaloradas, pero le preocupa que algunas de ellas ponderen excesivamente en su capital y quiere más variedad en su cartera, el criterio que expongo a continuación puede responder a sus inquietudes.

El concepto *enterprise value*

Cuando alguien quiere comprar la totalidad de una empresa cotizada en Bolsa, tiene que comprar todas sus acciones. El precio que tendría que pagar sería igual al número de acciones por la cotización de estas en Bolsa. En realidad, tendría que ofrecer un precio superior para animar a vender a quienes no tenían intención de hacerlo, pero no vamos a tener en cuenta eso.

El resultado de multiplicar el número de acciones de una sociedad por la cotización de las mismas en Bolsa se llama «capitalización». Pero además de pagar ese precio, el comprador debería asumir la deuda financiera de la empresa, o sea, la deuda con bancos y los títulos de deuda (pagarés, bonos...) emitidos por la misma, aunque recibiría el dinero que la entidad tendría en cuentas corrientes y activos que se pueden convertir rápidamente en dinero, que en general son aquellos con vencimiento inferior a un año. Es decir, el coste de adquisición de la totalidad de una empresa cotizada en Bolsa es su capitalización más su deuda financiera menos su liquidez disponible. Este concepto se conoce con el nombre de *enterprise value* (valor de la empresa), que en realidad más que un valor es un coste.

Desde este punto de vista, entre dos empresas que tengan la misma capitalización, la más barata será aquella que tenga una menor deuda financiera neta (la deuda financiera menos la liquidez disponible), ya que por el mismo precio se adquiere una empresa menos endeudada.

Pero esto no basta para saber cuál de las dos es más barata. Cuando se trata de invertir, el precio es siempre un concepto relativo. Imaginemos que la que tiene más deuda consigue más beneficios que la otra. ¿Hasta qué punto queda compensado el mayor nivel de deuda con el mayor nivel de beneficios? Para contestar esa pregunta, hay que relacionar el *enterprise value* con una medida del beneficio.

En tanto que los intereses que suponen la deuda financiera se pagan con el beneficio de explotación, esta es la medida del resultado que suele utilizarse en este caso.

La relación entre *enterprise value* (EV) y beneficio de explotación nos indica el coste relativo de adquisición de una empresa. Cuanto menor sea, más barata resultará la adquisición.

Este criterio se parece a la relación precio-beneficio pero esta no tiene en cuenta la deuda financiera y se basa en el beneficio neto, que puede estar distorsionado por créditos fiscales y algunos resultados extraordinarios. No obstante, hay que tener en cuenta que el beneficio de explotación también incorpora las plusvalías obtenidas por ventas de activos fijos, incluyendo los de tipo inmobiliario.

El criterio de selección que propongo ahora consiste en elegir las diez empresas del IBEX-35 que tengan una menor relación entre su *enterprise value* y su beneficio de explotación.

Una cartera compuesta por estos valores y actualizada cada trimestre entre el 31 de marzo de 2006 y el 30 de septiembre de 2013 generó una rentabilidad del 6,93 % anual mientras que el resto de empresas (que varió entre 17 y 20 según el trimestre) tuvo una rentabilidad de –0,04 % anual (*véase* la primera tabla del Anexo 5).

La rentabilidad obtenida al aplicar el PER fue algo superior, en el período considerado, a la lograda con el criterio basado en el *enterprise value*, a pesar de que el PER tiene, a priori, inconvenientes que no están presentes en este segundo criterio. No obstante, la estrategia basada en el *enterprise value* batió la referencia del mercado en 22 de los 30 trimestres, por 16 veces en el caso del PER.

¿Por qué diez valores?

En el caso de la relación precio-beneficio, había una gran diferencia entre una cartera formada por los cinco valores más baratos y otra cartera formada por los cinco valores siguientes. En el caso de la relación entre el *enterprise value* y el beneficio de explotación, es la cartera formada por el segundo grupo de valores la que resultó más rentable.

Pero he tomado los diez primeros valores porque a partir del 31 de marzo de 2009 el primer grupo (el de los más baratos) fue casi igual de rentable que el segundo.

¿A qué se debió que el primer grupo fuera bastante menos rentable que el segundo antes de marzo de 2009? Enteramente a la presencia de dos valores del sector de medios de comunicación: Antena 3 y Telecinco (ahora Mediaset). Sin ambos valores, apenas habría habido diferencia entre el primer y el segundo grupo (*véase* la segunda tabla del Anexo 5).

De hecho, en los primeros años del período considerado, el

primer grupo estuvo formado por valores con un marcado comportamiento cíclico, como los dos mencionados, junto con Acerinox y Repsol. Este tipo de empresas obtiene un nivel elevado de beneficios en la parte alta de su ciclo (épocas favorables para la publicidad en el caso de los medios de comunicación o evolución positiva de los precios de las materias primas respectivas en el caso de Acerinox y Repsol), pero no pueden permitirse endeudarse mucho debido a la variabilidad de sus beneficios. Por este motivo, presentaban una relación muy baja entre el *enterprise value* (que incluye la deuda financiera) y su beneficio de explotación.

Este criterio permite obtener resultados más uniformes para los diez primeros valores que el criterio de la relación precio-beneficio, por lo que resulta apropiado para inversores que quieran seguir un criterio basado en el valor con una cartera más diversificada.

Año	Rentabilidad			
	IBEX-35	IBEX Empresas	Cartera Valor	Ventaja Valor
2006 (9 meses)*	22,36 %	21,60 %	19,89 %	−1,71 %
2007	10,71 %	0,44 %	10,01 %	**9,57 %**
2008	−36,50 %	−37,43 %	−32,98 %	**4,46 %**
2009	38,27 %	36,81 %	43,68 %	**6,88 %**
2010	−12,93 %	−5,26 %	−1,77 %	**3,49 %**
2011	−7,75 %	−6,71 %	−3,04 %	**3,67 %**
2012	2,78 %	4,45 %	13,09 %	**8,65 %**
2013 (9 meses)**	16,86 %	24,06 %	20,79 %	−3,27 %
* Del 31 de marzo al 31 de diciembre.				
** Del 1 de enero al 30 de septiembre.				

Rentabilidad anual de la cartera Valor

El cuadro de la página anterior muestra que la cartera Valor suele presentar una ventaja moderada sobre el mercado. No obstante, no logró evitar las pérdidas en los años negativos.

Recapitulación

- Período: 31 de marzo de 2006-30 de septiembre de 2013.
- Rentabilidad media de la estrategia: 6,93 % anual.
- Rentabilidad de la referencia: 2,43 % anual.
- Ventaja respecto a la referencia: 4,50 % anual.
- Número de valores que batieron al mercado: 159 de 300 (53 % del total).
- Número de trimestres en que la estrategia batió al mercado: 22 de 30 (73 % del total).

Actualización de esta estrategia: la cartera Valor puede encontrarse actualizada en www.invertirlowcost.com.

Anexo 5. La cartera Valor

Estrategia basada en la relación EV/BE* (2 tramos)
(marzo 2006-septiembre 2013)

Carteras	Valor de 100 €	Rentabilidad media anual
10 A	**165,2 €**	**6,93 %**
17-20 B	99,7 €	–0,04 %
Referencias		
IBEX-35	114,8 €	1,85 %
IBEX empresas	119,7 €	2,43 %

* *EV/BE: Enterprise value/Beneficio de explotación.*

Valor de 100 €: indica en cuánto se habrían convertido, el 30 de septiembre de 2013, 100 euros invertidos el 31 de marzo de 2006.

10 A: cartera Valor, formada por los diez valores más baratos de acuerdo con la relación entre el *enterprise value* y el beneficio de explotación.

17-20 B: cartera formada por los valores situados a partir de la undécima posición. Puede estar compuesta por entre 17 y 20 valores.

Estrategia basada en la relación EV/BE* (5 tramos)
(marzo 2006–septiembre 2013)

Carteras	Valor de 100 €	Rentabilidad media anual
5 A	132,90 €	3,86 %
5 A sin medios	**186,00 €**	**8,63 %**
5 B	**198,20 €**	**9,55 %**
5 C	86,90 €	−1,86 %
5 D	94,10 €	−0,81 %
7-10 E	105,20 €	0,68 %
Referencias		
IBEX-35	114,8 €	1,85 %
IBEX empresas	119,7 €	2,43 %

* *EV/BE: Enterprise value/Beneficio de explotación.*

Valor de 100 €: indica en cuánto se habrían convertido, el 30 de septiembre de 2013, 100 euros invertidos el 31 de marzo de 2006.

5 A: cartera formada por los cinco primeros valores en la clasificación de acuerdo con este criterio.

5 A sin medios: cartera formada por los cinco primeros valores en la clasificación, sin tener en cuenta ni a Antena3 ni a Telecinco/Mediaset.

5 B: grupo de cinco valores entre las posiciones sexta y décima.

5 C: grupo de cinco valores entre las posiciones undécima y decimoquinta.

5 D: grupo de cinco valores entre las posiciones decimosexta y vigésima.

7-10 E: últimos valores de la clasificación. Este grupo puede estar formado por entre 7 y 10 valores.

Rentabilidad y ventaja trimestral de la cartera Valor

Trimestre	IBEX	Empresas	Valor		Ventaja
31 marzo 2006		100,0 €		100,0 €	
abril-junio 2006	−2,7 %	97,3 €	−0,1 %	99,9 €	2,6 %
julio-septiembre 2006	11,9 %	108,8 €	9,7 %	109,6 €	−2,1 %
octubre-diciembre 2006	11,7 %	121,6 €	9,4 %	119,9 €	−2,4 %
enero-marzo 2007	7,0 %	130,1 €	7,0 %	128,3 €	0,0 %
abril-junio 2007	−0,7 %	129,1 €	5,0 %	134,6 €	5,7 %
julio-septiembre 2007	−3,6 %	124,5 €	−0,9 %	133,5 €	2,7 %
octubre-diciembre 2007	−1,9 %	122,1 €	−1,2 %	131,9 €	0,7 %
enero-marzo 2008	−10,4 %	109,4 €	−10,0 %	118,7 €	0,4 %
abril-junio 2008	−8,4 %	100,3 €	−13,0 %	103,3 €	−4,7 %
julio-septiembre 2008	−13,3 %	87,0 €	−6,9 %	96,2 €	6,4 %
octubre-diciembre 2008	−12,2 %	76,4 €	−8,1 %	88,4 €	4,1 %
enero-marzo 2009	−13,6 %	66,0 €	−15,1 %	75,1 €	−1,5 %
abril-junio 2009	30,8 %	86,4 €	34,1 %	100,7 €	3,3 %
julio-septiembre 2009	20,4 %	104,0 €	20,9 %	121,7 €	0,5 %
octubre-diciembre 2009	0,5 %	104,5 €	4,3 %	127,0 €	3,8 %
enero-marzo 2010	−1,3 %	103,2 €	0,3 %	127,4 €	1,5 %
abril-junio 2010	−17,9 %	84,7 €	−16,0 %	107,0 €	2,0 %
julio-septiembre 2010	13,0 %	95,7 €	12,5 %	120,4 €	−0,6 %
octubre-diciembre 2010	3,4 %	99,0 €	3,6 %	124,8 €	0,2 %
enero-marzo 2011	13,1 %	112,0 €	12,6 %	140,5 €	−0,5 %
abril-junio 2011	−1,6 %	110,2 €	1,0 %	141,9 €	2,6 %
julio-septiembre 2011	−19,2 %	89,0 €	−18,8 %	115,2 €	0,4 %
octubre-diciembre 2011	3,8 %	92,4 €	5,0 %	121,0 €	1,2 %
enero-marzo 2012	−3,5 %	89,2 €	0,0 %	120,9 €	3,4 %
abril-junio 2012	−10,7 %	79,7 €	−11,0 %	107,6 €	−0,3 %
julio-septiembre 2012	10,0 %	87,6 €	14,5 %	123,2 €	4,5 %
octubre-diciembre 2012	10,2 %	96,5 €	11,1 %	136,8 €	0,9 %
enero-marzo 2013	0,8 %	97,3 €	3,9 %	142,1 €	3,0 %
abril-junio 2013	4,1 %	101,3 €	5,0 %	149,1 €	0,8 %
julio-septiembre 2013	18,1 %	119,7 €	10,8 %	165,3 €	−7,3 %

Composición de la cartera Valor (1)

31 marzo 2006- 30 junio 2006		30 junio 2006- 30 septiembre 2006		30 septiembre 2006- 31 diciembre 2006	
ARCELOR	15,70 %	REPSOL	6,16 %	REPSOL	11,63 %
REPSOL	−4,48 %	ARCELOR	15,55 %	ANTENA 3	13,51 %
TELECINCO	−3,30 %	TELECINCO	7,20 %	TELECINCO	7,36 %
TELEFÓNICA	2,47 %	ANTENA 3	−9,69 %	ENDESA	6,80 %
ENDESA	2,06 %	TELEFÓNICA	4,99 %	FCC	22,54 %
ALTADIS	1,38 %	ENDESA	27,42 %	ALTADIS	5,90 %
FCC	−2,70 %	ALTADIS	1,30 %	TELEFÓNICA	20,12 %
ANTENA 3	−14,09 %	FCC	7,40 %	GAS NATURAL	4,31 %
GAS NATURAL	−0,08 %	GAS NATURAL	22,66 %	INDRA	8,45 %
ENAGÁS	2,02 %	INDRA	14,33 %	U. FENOSA	−6,92 %
Cartera	**−0,10 %**	**Cartera**	**9,73 %**	**Cartera**	**9,37 %**
31 diciembre 2006- 31 marzo 2007		31 marzo 2007- 30 junio 2007		30 junio 2007- 30 septiembre 2007	
REPSOL	−2,29 %	REPSOL	15,89 %	REPSOL	−13,13 %
ANTENA 3	−6,17 %	ACERINOX	−4,25 %	ACERINOX	17,14 %
ENDESA	14,37 %	TELECINCO	3,19 %	ANTENA 3	−16,19 %
TELECINCO	0,23 %	ANTENA 3	−5,33 %	TELECINCO	−12,50 %
ALTADIS	22,50 %	ENDESA	−0,67 %	ENDESA	2,54 %
TELEFÓNICA	2,36 %	U. FENOSA	−1,78 %	U. FENOSA	6,23 %
FCC	0,97 %	TELEFÓNICA	2,06 %	TELEFÓNICA	18,68 %
GAS NATURAL	18,44 %	GAS NATURAL	28,39 %	ENAGÁS	0,71 %
U. FENOSA	8,75 %	ENAGÁS	−5,22 %	FCC	−13,67 %
ENAGÁS	10,84 %	IBERDROLA	17,29 %	ALTADIS	1,50 %
Cartera	**7,00 %**	**Cartera**	**4,96 %**	**Cartera**	**−0,87 %**

(Continúa.)

30 septiembre 2007- 31 diciembre 2007		31 diciembre 2007- 31 marzo 2008		31 marzo 2008- 30 junio 2008	
ACERINOX	−19,76 %	ACERINOX	4,93 %	IBERIA	−38,76 %
REPSOL	−2,67 %	REPSOL	−8,29 %	TELECINCO	−26,92 %
TELECINCO	−4,89 %	TELECINCO	−26,38 %	REPSOL	14,50 %
ANTENA 3	−15,84 %	ENDESA	−7,24 %	TELEFÓNICA	−5,05 %
ENDESA	−9,33 %	GAS NATURAL	−1,02 %	ACERINOX	−16,12 %
GAS NATURAL	1,06 %	IBERIA	−8,00 %	FCC	−9,50 %
TELEFÓNICA	14,98 %	FCC	−16,79 %	ACS	−11,53 %
U. FENOSA	11,35 %	AGBAR	−12,39 %	INDITEX	−16,85 %
AGBAR	3,30 %	U. FENOSA	−6,52 %	ENDESA	−6,86 %
ENAGÁS	9,96 %	TELEFÓNICA	−18,09 %	U. FENOSA	−13,04 %
Cartera	**−1,18 %**	**Cartera**	**−9,98 %**	**Cartera**	**−13,01 %**

Composición de la cartera Valor (2)

30 junio 2008- 30 septiembre 2008		30 septiembre 2008- 31 diciembre 2008		31 diciembre 2008- 31 marzo 2009	
TELECINCO	−11,58 %	IBERIA	15,79 %	IBERIA	−20,20 %
REPSOL	−14,50 %	TELECINCO	5,15 %	TELECINCO	−30,86 %
ACERINOX	−13,12 %	REPSOL	−27,75 %	TÉCNICAS R.	33,35 %
TELEFÓNICA	−0,53 %	GAS NATURAL	−26,04 %	REPSOL	−13,68 %
INDITEX	5,06 %	TÉCNICAS R.	−38,30 %	GAS NATURAL	−35,28 %
ACS	−7,65 %	TELEFÓNICA	−2,62 %	TELEFÓNICA	−5,24 %
FCC	−13,14 %	ENDESA	11,20 %	ENDESA	−30,15 %
ENDESA	−13,54 %	INDITEX	5,52 %	INDITEX	−6,32 %
U. FENOSA	42,41 %	INDRA	−3,52 %	INDRA	−10,32 %
OHL	−41,96 %	OHL	−20,51 %	OHL	−32,13 %
Cartera	**−6,86 %**	**Cartera**	**−8,11 %**	**Cartera**	**−15,08 %**

(Continúa.)

31 marzo 2009-30 junio 2009		30 junio 2009-30 septiembre 2009		30 septiembre 2009-31 diciembre 2009	
TELECINCO	44,06 %	TELECINCO	29,62 %	ENDESA	6,02 %
REPSOL	27,42 %	REPSOL	19,92 %	TÉCNICAS R.	7,41 %
TÉCNICAS R.	40,65 %	ENDESA	32,36 %	TELEFÓNICA	6,18 %
ENDESA	21,16 %	TELEFÓNICA	16,97 %	INDRA	−3,40 %
GAS NATURAL	26,04 %	GAS NATURAL	20,28 %	TELECINCO	17,98 %
TELEFÓNICA	10,65 %	TÉCNICAS R.	13,02 %	REPSOL	0,75 %
INDRA	6,23 %	INDRA	14,42 %	OHL	5,46 %
OHL	115,13 %	MITTAL	12,84 %	ENAGÁS	10,04 %
INDITEX	18,30 %	OHL	35,20 %	ACCIONA	−2,04 %
ENAGÁS	31,40 %	INDITEX	14,75 %	GRIFOLS	−5,12 %
Cartera	**34,10 %**	**Cartera**	**20,94 %**	**Cartera**	**4,33 %**
31 diciembre 2009-31 marzo 2010		31 marzo 2010-30 junio 2010		30 junio 2010-30 septiembre 2010	
ENDESA	−9,52 %	ENDESA	−17,30 %	ENDESA	15,25 %
TÉCNICAS R.	17,64 %	INDRA	−13,18 %	INDRA	11,15 %
TELEFÓNICA	−10,14 %	TELEFÓNICA	−9,32 %	TELEFÓNICA	19,08 %
INDRA	−7,78 %	OHL	−12,05 %	TÉCNICAS R.	5,91 %
REPSOL	−4,14 %	REPSOL	−4,91 %	GRIFOLS	26,16 %
OHL	13,29 %	TÉCNICAS R.	−19,31 %	REPSOL	15,93 %
ACCIONA	−8,69 %	GRIFOLS	−23,69 %	OHL	12,02 %
TELECINCO	16,22 %	GAS NATURAL	−12,95 %	GAMESA	−26,15 %
GRIFOLS	−9,34 %	ENAGÁS	−23,66 %	ENAGÁS	23,70 %
ENAGÁS	5,18 %	IBERDROLA	−23,14 %	IBERDROLA	21,83 %
Cartera	**0,27 %**	**Cartera**	**−15,95 %**	**Cartera**	**12,49 %**

Composición de la cartera Valor (3)

30 septiembre 2010-31 diciembre 2010		31 diciembre 2010-31 marzo 2011		31 marzo 2011-30 junio 2011	
ENDESA	−1,73 %	ENDESA	15,85 %	REPSOL	−0,95 %
REPSOL	10,32 %	INDRA	10,68 %	ENDESA	5,03 %
INDRA	−8,61 %	REPSOL	18,44 %	TELEFÓNICA	−0,31 %
GAS NATURAL	5,03 %	TELEFÓNICA	4,10 %	FERROVIAL	1,92 %
TELEFÓNICA	−3,00 %	GAS NATURAL	18,47 %	INDRA	0,57 %
TÉCNICAS R.	21,79 %	GRIFOLS	20,59 %	GAS NATURAL	12,45 %
TELECINCO	1,86 %	ENAGÁS	6,77 %	OHL	5,30 %
GAMESA	11,09 %	GAMESA	28,37 %	TÉCNICAS R.	−16,57 %
GRIFOLS	−3,04 %	OHL	12,44 %	EBRO	−2,39 %
ENAGÁS	2,44 %	TÉCNICAS R.	−9,53 %	ENAGÁS	4,96 %
Cartera	**3,61 %**	Cartera	**12,62 %**	Cartera	**1,00 %**
30 junio 2011-30 septiembre 2011		30 septiembre 2011-31 diciembre 2011		31 diciembre 2011-31 marzo 2012	
REPSOL	−14,35 %	TÉCNICAS R.	15,23 %	REPSOL	−20,77 %
ENDESA	−21,83 %	REPSOL	18,82 %	ENDESA	−5,74 %
TELEFÓNICA	−14,41 %	ENDESA	−9,06 %	TÉCNICAS R.	12,52 %
FERROVIAL	−1,49 %	TELEFÓNICA	−1,87 %	TELEFÓNICA	−8,25 %
TÉCNICAS R.	−29,95 %	FERROVIAL	10,83 %	INDRA	−7,34 %
INDRA	−19,04 %	INDRA	−9,23 %	FERROVIAL	−7,53 %
TELECINCO	−28,38 %	OHL	4,25 %	OHL	15,17 %
GAS NATURAL	−11,56 %	AMADEUS	3,90 %	AMADEUS	0,00 %
OHL	−29,45 %	TELECINCO	2,80 %	TELECINCO	−2,49 %
EBRO	−17,74 %	EBRO	14,46 %	IBERIA	24,08 %
Cartera	**−18,82 %**	Cartera	**5,01 %**	Cartera	**−0,04 %**

(Continúa.)

145

31 marzo 2012- 30 junio 2012		30 junio 2012- 30 septiembre 2012		30 septiembre 2012- 31 diciembre 2012	
ENDESA	−7,40 %	ENDESA	13,04 %	ENDESA	12,84 %
TÉCNICAS R.	5,30 %	OHL	10,12 %	OHL	22,28 %
INDRA	−20,27 %	REPSOL	19,38 %	REPSOL	4,88 %
OHL	−25,09 %	INDRA	13,45 %	INDRA	32,89 %
REPSOL	−32,80 %	TÉCNICAS R.	12,36 %	TÉCNICAS R.	−3,04 %
AMADEUS	18,02 %	GAS NATURAL	9,01 %	GAS NATURAL	23,29 %
GAS NATURAL	−15,65 %	ENAGÁS	11,56 %	ABENGOA	−14,19 %
ABENGOA	−23,89 %	AMADEUS	9,88 %	ENAGÁS	8,18 %
TELECINCO	−8,00 %	ABENGOA	33,41 %	AMADEUS	5,07 %
ENAGÁS	−0,42 %	REE	12,25 %	IBERDROLA	18,76 %
Cartera	−11,02 %	Cartera	14,45 %	Cartera	11,10 %

Composición de la cartera Valor (4)

31 diciembre 2012- 31 marzo 2013		31 marzo 2013- 30 junio 2013		30 junio 2013- 30 septiembre 2013	
ENDESA	−2,28 %	ENDESA	−0,45 %	ENDESA	−0,95 %
OHL	16,81 %	OHL	4,53 %	REPSOL	5,03 %
REPSOL	6,48 %	REPSOL	5,08 %	TÉCNICAS R.	−0,31 %
TÉCNICAS R.	6,11 %	TÉCNICAS R.	−3,45 %	EBRO	1,92 %
INDRA	−7,19 %	INDRA	6,89 %	TELEFÓNICA	0,57 %
GAS NATURAL	4,57 %	GAS NATURAL	12,17 %	INDRA	12,45 %
ABENGOA	−17,52 %	TELEFÓNICA	−6,15 %	ACS	5,30 %
ENAGÁS	12,55 %	ACS	11,78 %	GAS NATURAL	−16,57 %
REE	7,04 %	REE	7,64 %	OHL	−2,39 %
AMADEUS	11,94 %	IBERDROLA	11,64 %	IBERDROLA	4,96 %
Cartera	3,85 %	Cartera	4,97 %	Cartera	1,00 %

6

Para inversores que no pueden evitar comprar lo que sube

La atracción por lo que sube

Como suele suceder con otras inclinaciones naturales de la persona, la tendencia a comprar lo que sube puede dar muy buenos o muy malos resultados, según como se canalice.

Si compra acciones que están subiendo, por la única razón de que están subiendo, no obtendrá una ventaja respecto al mercado. En el apartado 3 de la segunda parte vimos que incluso podría sufrir importantes minusvalías si se concentra en aquellos valores que acumulan las mayores revalorizaciones en los últimos seis meses.

Sin embargo, cuando se combina un criterio de valor como la relación entre el *enterprise value* y el beneficio de explotación (estrategia cinco) con la plusvalía acumulada en los últimos meses, se obtienen resultados interesantes.

Se trata de elegir, entre las diez empresas con menor relación entre el *enterprise value* y el beneficio de explotación, las cinco que mejor se hayan comportado en Bolsa en los últimos nueve meses. Cuando digo «mejor se hayan comportado» quiero decir que sean las que más hayan subido o menos hayan bajado, ya que en algunos trimestres casi todas las acciones bajan.

En este caso, uno compra lo que sube por una razón adicional importante: además de estar barato, el valor está recibiendo el interés del mercado.

En la primera tabla del Anexo 6, la cartera 10 A es la misma de la estrategia cinco (la cartera Valor que estaba formada por los diez valores con menor relación entre el *enterprise value* y el beneficio de explotación). La siguiente línea (5 mejor PL9) es la cartera formada por los cinco valores de entre los diez con mejor evolución relativa en los nueve meses anteriores. Denomino esta cartera como «Valor al Alza».

Cada 100 euros invertidos en marzo de 2006 en una cartera de estas características, actualizada de forma trimestral, se habrían convertido en 232,3 euros el 30 de septiembre de 2013, sensiblemente más que invertidos en la cartera Valor. La rentabilidad media fue del 11,89 % anual, mientras que la de las empresas del IBEX-35 fue de un 2,43 % anual.

¿Es buena idea comprar las empresas con más valor pero que peor hayan evolucionado recientemente?

En teoría, si tenemos una cartera formada por las diez empresas con mayor valor (en este caso, más baratas en términos de *enterprise value* en relación al beneficio de explotación), las cinco de estas diez que peor estén evolucionando en Bolsa se estarían abaratando relativamente frente a las otras cinco. Esto querría decir que habría aumentado su valor relativo y que deberían ser más rentables a continuación.

En la práctica ocurre lo contrario. La línea «5 peor PL9» de la tabla que figura en el siguiente anexo indica la evolución de una cartera compuesta por las cinco empresas con mayor valor pero con peor evolución en los últimos nueve meses. Esta cartera habría generado una rentabilidad del 1,60 % anual, frente al 11,89 % anual de la cartera compuesta por los valores con mayor plusvalía en los últimos nueve meses.

Así, resulta mucho más acertado, como norma general, comprar empresas baratas que estén subiendo que comprar empresas baratas que estén bajando. De este modo, si tiene usted tendencia a comprar lo que sube, elija sus valores entre las empresas que estén baratas desde el punto de vista del criterio que acabamos de analizar.

Por desgracia, no he hallado, por el momento, una estrategia que se adapte a un inversor que tenga tendencia a comprar lo que baja o sube menos que el resto. Si este es su caso, debería concentrarse en otro aspecto de su estilo de inversión que pueda adaptarse a una estrategia eficaz.

Rentabilidad anual de la cartera Valor al Alza

El cuadro siguiente indica la rentabilidad anual de una cartera compuesta por empresas infravaloradas que están evolucionando bien en Bolsa. Si bien este grupo de valores superó la rentabilidad de referencia el 70 % de los trimestres, tuvo ventaja frente al mercado todos los años entre 2007 y 2012.

Año	Rentabilidad			
	IBEX-35	IBEX Empresas	Cartera Valor al Alza	Ventaja Valor al Alza
2006 (9 meses)*	22,36 %	21,60 %	20,56 %	−1,04 %
2007	10,71 %	0,44 %	30,69 %	**30,25 %**
2008	−36,50 %	−37,43 %	−25,97 %	**11,46 %**
2009	38,27 %	36,81 %	37,01 %	**0,20 %**
2010	−12,93 %	−5,26 %	8,82 %	**14,08** %
2011	−7,75 %	−6,71 %	−4,19 %	**2,52 %**
2012	2,78 %	4,45 %	11,99 %	**7,54 %**
2013 (9 meses)**	16,86 %	24,06 %	24,49 %	**0,43 %**

Del 31 de marzo al 31 de diciembre.
** *Del 1 de enero al 30 de septiembre.*

Recapitulación

- Período: 31 de marzo de 2006-30 de septiembre de 2013.
- Rentabilidad media de la estrategia: 11,89 % anual.
- Rentabilidad de la referencia: 2,43 % anual.
- Ventaja respecto a la referencia: 9,46 % anual.
- Número de valores que batieron al mercado: 91 de 150 (60,7 % del total).
- Número de trimestres en que la estrategia batió al mercado: 21 de 30 (70 % del total).

Actualización de esta estrategia: la cartera Valor al Alza puede encontrarse actualizada en www.invertirlowcost.com.

Anexo 6. La cartera Valor al Alza

Estrategia basada en la relación EV/BE*
y la plusvalía de 9 meses
(marzo 2006–septiembre 2013)

Carteras	Valor de 100 €	Rentabilidad media anual
10 A	165,2 €	6,93 %
5 mayor PL9	**232,3 €**	**11,89 %**
5 menor PL9	112,7 €	1,60 %
Referencias		
IBEX-35	114,8 €	1,85 %
IBEX empresas	119,7 €	2,43 %

* *EV/BE: Enterprise Value/Beneficio de explotación.*

Valor de 100 €: indica en cuánto se habrían convertido, el 30 de septiembre de 2013, 100 euros invertidos el 31 de marzo de 2006.

10 A: cartera formada por los diez primeros valores en la clasificación de acuerdo con el criterio EV/BE. Forman la cartera Valor.

5 mayor PL9: de los diez valores anteriores son los cinco que han tenido una mayor plusvalía en los últimos nueve meses. Forman la cartera Valor al Alza.

5 menor PL9: de los diez valores de la cartera 10 A, los cinco que han subido menos en los últimos nueve meses.

Rentabilidad y ventaja trimestral de la cartera Valor al Alza

Trimestre	IBEX	Empresas	Valor al alza		Ventaja
31 marzo2006		100,0 €		100,0 €	
abril-junio 2006	-2,7 %	97,3 €	0,6 %	100,6 €	3,3 %
julio-septiembre 2006	11,9 %	108,8 €	9,6 %	110,2 €	-2,3 %
octubre-diciembre 2006	11,7 %	121,6 €	9,4 %	120,6 €	-2,4 %
enero-marzo 2007	7,0 %	130,1 €	9,0 %	131,4 €	2,0 %
abril-junio 2007	-0,7 %	129,1 €	7,8 %	141,6 €	8,5 %
julio-septiembre 2007	-3,6 %	124,5 €	5,4 %	149,2 €	8,9 %
octubre-diciembre 2007	-1,9 %	122,1 €	5,6 %	157,6 €	7,5 %
enero-marzo 2008	-10,4 %	109,4 €	-9,3 %	143,0 €	1,1 %
abril-junio 2008	-8,4 %	100,3 €	-11,6 %	126,4 €	-3,2 %
julio-septiembre 2008	-13,3 %	87,0 €	-4,5 %	120,8 €	8,8 %
octubre-diciembre 2008	-12,2 %	76,4 €	-3,4 %	116,6 €	8,7 %
enero-marzo 2009	-13,6 %	66,0 €	-14,4 %	99,8 €	-0,9 %
abril-junio 2009	30,8 %	86,4 €	22,1 %	121,9 €	-8,7 %
julio-septiembre 2009	20,4 %	104,0 €	21,9 %	148,6 €	1,5 %
octubre-diciembre 2009	0,5 %	104,5 €	7,6 %	159,8 €	7,1 %
enero-marzo 2010	-1,3 %	103,2 €	6,7 %	170,5 €	8,0 %
abril-junio 2010	-17,9 %	84,7 €	-15,5 %	144,2 €	2,5 %
julio-septiembre 2010	13,0 %	95,7 €	15,3 %	166,3 €	2,3 %
octubre-diciembre 2010	3,4 %	99,0 €	4,6 %	173,9 €	1,2 %
enero-marzo 2011	13,1 %	112,0 €	8,1 %	187,9 €	-5,0 %
abril-junio 2011	-1,6 %	110,2 €	3,3 %	194,0 €	4,9 %
julio-septiembre 2011	-19,2 %	89,0 €	-15,7 %	163,5 €	3,5 %
octubre-diciembre 2011	3,8 %	92,4 €	1,9 %	166,6 €	-1,9 %
enero-marzo 2012	-3,5 %	89,2 €	-4,3 %	159,5 €	-0,8 %
abril-junio 2012	-10,7 %	79,7 €	-3,6 %	153,8 €	7,1 %
julio-septiembre 2012	10,0 %	87,6 €	11,2 %	171,1 €	1,3 %
octubre-diciembre 2012	10,2 %	96,5 €	9,1 %	186,6 €	-1,1 %
enero-marzo 2013	0,8 %	97,3 €	6,6 %	198,9 €	5,7 %
abril-junio 2013	4,1 %	101,3 €	5,6 %	210,1 €	1,5 %
julio-septiembre 2013	18,1 %	119,7 €	10,6 %	232,3 €	-7,6 %

Composición de la cartera Valor al Alza (1)

31 marzo 2006-30 junio 2006		30 junio 2006-30 septiembre 2006		30 septiembre 2006-31 diciembre 2006	
ARCELOR	15,70 %	ARCELOR	15,55 %	ENDESA	6,80 %
ENDESA	2,06 %	ANTENA 3	−9,69 %	FCC	22,54 %
FCC	−2,70 %	ENDESA	27,42 %	GAS NATURAL	4,31 %
ANTENA 3	−14,09 %	FCC	7,40 %	U. FENOSA	−6,92 %
ENAGÁS	2,02 %	TELECINCO	7,20 %	TELEFÓNICA	20,12 %
Cartera	**0,60 %**	**Cartera**	**9,58 %**	**Cartera**	**9,37 %**
31 diciembre 2006-31 marzo 2007		31 marzo 2007-30 junio 2007		30 junio 2007-30 septiembre 2007	
ENDESA	14,37 %	ACERINOX	−4,25 %	REPSOL	−13,13 %
TELEFÓNICA	2,36 %	ENDESA	−0,67 %	ACERINOX	17,14 %
FCC	0,97 %	U. FENOSA	−1,78 %	ENDESA	2,54 %
GAS NATURAL	18,44 %	GAS NATURAL	28,39 %	TELEFÓNICA	18,68 %
U. FENOSA	8,75 %	IBERDROLA	17,29 %	ALTADIS	1,50 %
Cartera	**8,98 %**	**Cartera**	**7,80 %**	**Cartera**	**5,35 %**
30 septiembre 2007-31 diciembre 2007		31 diciembre 2007-31 marzo 2008		31 marzo 2008-30 junio 2008	
ENDESA	−9,33 %	REPSOL	−8,29 %	TELEFÓNICA	−5,05 %
GAS NATURAL	1,06 %	GAS NATURAL	−1,02 %	ACERINOX	−16,12 %
TELEFÓNICA	14,98 %	AGBAR	−12,39 %	INDITEX	−16,85 %
U. FENOSA	11,35 %	U. FENOSA	−6,52 %	ENDESA	−6,86 %
ENAGÁS	9,96 %	TELEFÓNICA	−18,09 %	U. FENOSA	−13,04 %
Cartera	**5,60 %**	**Cartera**	**−9,26 %**	**Cartera**	**−11,58 %**
30 junio 2008-30 septiembre 2008		30 septiembre 2008-31 diciembre 2008		31 diciembre 2008-31 marzo 2009	
REPSOL	−14,50 %	REPSOL	−27,75 %	IBERIA	−20,20 %
TELEFÓNICA	−0,53 %	INDRA	−3,52 %	TELEFÓNICA	−5,24 %
ACS	−7,65 %	TELEFÓNICA	−2,62 %	ENDESA	−30,15 %
U. FENOSA	42,41 %	ENDESA	11,20 %	INDITEX	−6,32 %
OHL	−41,96 %	INDITEX	5,52 %	INDRA	−10,32 %
Cartera	**−4,45 %**	**Cartera**	**−3,43 %**	**Cartera**	**−14,44 %**

(Continúa.)

153

31 marzo 2009-30 junio 2009		30 junio 2009-30 septiembre 2009		30 septiembre 2009-31 diciembre 2009	
TELECINCO	44,06 %	TELECINCO	29,62 %	TÉCNICAS R.	7,41 %
TELEFÓNICA	10,65 %	TELEFÓNICA	16,97 %	TELEFÓNICA	6,18 %
INDRA	6,23 %	TÉCNICAS R.	13,02 %	TELECINCO	17,98 %
INDITEX	18,30 %	OHL	35,20 %	REPSOL	0,75 %
ENAGÁS	31,40 %	INDITEX	14,75 %	OHL	5,46 %
Cartera	22,13 %	Cartera	21,91 %	Cartera	7,56 %

Composición de la cartera Valor al Alza (2)

31 diciembre 2009-31 marzo 2010		31 marzo 2010-30 junio 2010		30 junio 2010-30 septiembre 2010	
ENDESA	−9,52 %	ENDESA	−17,30 %	TELEFÓNICA	19,08 %
TÉCNICAS R.	17,64 %	OHL	−12,05 %	TÉCNICAS R.	5,91 %
REPSOL	−4,14 %	REPSOL	−4,91 %	REPSOL	15,93 %
OHL	13,29 %	TÉCNICAS R.	−19,31 %	OHL	12,02 %
TELECINCO	16,22 %	ENAGÁS	−23,66 %	ENAGÁS	23,70 %
Cartera	6,70 %	Cartera	−15,45 %	Cartera	15,33 %
30 septiembre 2010-31 diciembre 2010		31 diciembre 2010-31 marzo 2011		31 marzo 2011-30 junio 2011	
REPSOL	10,32 %	REPSOL	18,44 %	REPSOL	−0,95 %
INDRA	−8,61 %	TELEFÓNICA	4,10 %	ENDESA	5,03 %
TELEFÓNICA	−3,00 %	GRIFOLS	20,59 %	FERROVIAL	1,92 %
TÉCNICAS R.	21,79 %	ENAGÁS	6,77 %	OHL	5,30 %
ENAGÁS	2,44 %	TÉCNICAS R.	−9,53 %	ENAGÁS	4,96 %
Cartera	4,59 %	Cartera	8,07 %	Cartera	3,25 %
30 junio 2011-30 septiembre 2011		30 septiembre 2011-31 diciembre 2011		31 diciembre 2011-31 marzo 2012	
REPSOL	−14,35 %	REPSOL	18,82 %	REPSOL	−20,77 %
ENDESA	−21,83 %	ENDESA	−9,06 %	FERROVIAL	−7,53 %
FERROVIAL	−1,49 %	TELEFÓNICA	−1,87 %	OHL	15,17 %
GAS NATURAL	−11,56 %	FERROVIAL	10,83 %	AMADEUS	0,00 %
OHL	−29,45 %	INDRA	−9,23 %	TELEFÓNICA	−8,25 %
Cartera	−15,74 %	Cartera	1,90 %	Cartera	−4,28 %

(Continúa.)

Para inversores que no pueden evitar comprar lo que sube

31 marzo 2012-30 junio 2012		30 junio 2012-30 septiembre 2012		30 septiembre 2012-31 diciembre 2012	
TÉCNICAS R.	5,30 %	OHL	10,12 %	ENDESA	12,84 %
OHL	−25,09 %	TÉCNICAS R.	12,36 %	OHL	22,28 %
AMADEUS	18,02 %	ENAGÁS	11,56 %	TÉCNICAS R.	−3,04 %
GAS NATURAL	−15,65 %	AMADEUS	9,88 %	ENAGÁS	8,18 %
ENAGÁS	−0,42 %	REE	12,25 %	AMADEUS	5,07 %
Cartera	**−3,57 %**	**Cartera**	**11,23 %**	**Cartera**	**9,07 %**
31 diciembre 2012-31 marzo 2013		31 marzo 2013-30 junio 2013		30 junio 2013-30 septiembre 2013	
ENDESA	−2,28 %	INDRA	6,89 %	INDRA	14,98 %
TÉCNICAS R.	6,11 %	OHL	4,53 %	OHL	7,23 %
GAS NATURAL	4,57 %	GAS NATURAL	12,17 %	GAS NATURAL	2,86 %
AMADEUS	11,94 %	REPSOL	5,08 %	ACS	20,94 %
ENAGÁS	12,55 %	ENDESA	−0,45 %	EBRO	6,84 %
Cartera	**6,58 %**	**Cartera**	**5,64 %**	**Cartera**	**10,57 %**

7

Para inversores que necesitan estar donde hay movimiento

Estilo de inversión dinámico

Seguir una estrategia de tipo *contrarian* o contradictorio, en la que el inversor selecciona unos valores que no gozan en ese momento del favor del mercado, puede dar buenos resultados. Algunas de las estrategias de esta clase que hemos visto son la relación precio-beneficio, la relación entre el *enterprise value* y el beneficio de explotación y, en menor medida, la rentabilidad sobre el capital empleado en su término medio. Pero no todos los criterios contradictorios dan ventaja sobre el mercado. Por ejemplo, comprar las acciones de las empresas que tienen menor solvencia o menor rentabilidad sobre su capital o sobre sus activos, o comprar los valores que peor están evolucionando en Bolsa.

Por otro lado, los criterios de consenso, como elegir las acciones de las empresas más solventes o más eficientes o que más están subiendo, tampoco funcionan.

Las otras tres estrategias que hemos visto hasta ahora representan un compromiso entre la contradicción y el consenso. La número tres, que supone comprar las acciones de las quince empresas con mayor rentabilidad sobre el capital empleado

(ROCE), implicaba incluir las más eficientes, pero también las que pasaban más desapercibidas en este aspecto. La número cuatro combinaba un criterio contradictorio como el PER con un criterio de cierto consenso como un nivel razonable de deuda financiera. Y la que acabamos de ver, la número seis, aunaba otro criterio contradictorio (la relación del *enterprise value* con el beneficio de explotación) con un criterio de consenso (la mayor plusvalía en los últimos nueve meses).

En estas tres estrategias, nos hemos dado cuenta de las ventajas de la complementariedad. Podríamos decir, siguiendo la filosofía taoísta, que las estrategias contradictorias son yin, mientras que las de consenso son yang y que las complementarias son yin y yang, idea que puede asociarse con un equilibrio fructífero.

En cambio, reforzar un criterio contradictorio con otro de la misma índole no parece dar buenos frutos. Lo vimos cuando intentamos una estrategia consistente en comprar los valores más baratos (por tanto, menos valorados por el mercado) que además estuvieran cayendo de precio o subiendo menos que el resto.

De aquí podríamos deducir que un criterio de consenso reforzado con otro criterio de consenso tendría, necesariamente, que producir malos resultados, sobre todo si tenemos en cuenta que los criterios de consenso por sí mismos ya son poco recomendables.

La sorpresa es que no es así. Un criterio contradictorio puede ser válido por sí mismo o bien combinado con otro de consenso, pero no si se combina con otro contradictorio. En cambio, un criterio de consenso no es válido por sí mismo, pero sí si se combina con otro contradictorio ¡o bien con otro de consenso! Por contradictorio que parezca...

Si usted es una persona que necesita encontrarse en el centro de los acontecimientos, incluso estar a la última y seguir los valores de moda, que cree que donde hay movimiento hay vida, puede acabar en el ojo del huracán o... puede, si acepta la naturaleza paradójica de la realidad, salir ganando.

Para aplicar este criterio, ordené las empresas en dos clasificaciones. La primera, de acuerdo con su posición relativa en cuanto a rentabilidad sobre el capital empleado (ROCE). La segunda, según su posición relativa en cuanto a la plusvalía en los últimos nueve meses. En ambas, el orden era de mayor a menor.

A fin de reforzar la idea de doble consenso, sumé las posiciones que ocupaba cada valor en las respectivas clasificaciones y seleccioné los cinco valores que tuvieran la menor suma, con la condición de que cada valor estuviera al menos entre los quince primeros en cada clasificación. Por ejemplo, si una empresa figuraba en la segunda posición en la clasificación por ROCE y en la tercera en la clasificación por plusvalía, obtenía una suma de cinco. En caso de que dos empresas tuvieran la misma suma a partir de la quinta posición, seleccioné aquella con mayor ROCE. Desde luego, es posible seleccionar ambas, pero he tomado una sola de acuerdo con este baremo para que las carteras tengan siempre cinco valores.

Una cartera compuesta por las cinco empresas que presentaban el mejor binomio eficiencia-plusvalía, que denomino «Doble consenso», actualizada de forma trimestral entre el 31 de marzo de 2006 y el 30 de septiembre de 2013, hubiera tenido una rentabilidad media del 13,46 % anual, frente a la referencia del mercado del 2,43 %, lo que supone una ventaja del 11 % anual.

Rentabilidad anual de la cartera Doble Consenso

La cartera Doble Consenso superó la rentabilidad del mercado en la mayoría de períodos. Solo generó pérdidas en un año mientras que los índices de referencias fueron negativos en tres años.

Año	Rentabilidad			
	IBEX-35	IBEX Empresas	Cartera Doble Consenso	Ventaja Doble Consenso
2006 (9 meses)*	22,36 %	21,60 %	16,10 %	−5,50 %
2007	10,71 %	0,44 %	22,23 %	**21,80 %**
2008	−36,50 %	−37,43 %	−28,21 %	**9,22 %**
2009	38,27 %	36,81 %	43,65 %	**6,84 %**
2010	−12,93 %	−5,26 %	8,90 %	**14,16 %**
2011	−7,75 %	−6,71 %	4,18 %	**10,89 %**
2012	2,78 %	4,45 %	25,30 %	**20,86 %**
2013 (9 meses)**	16,86 %	24,06 %	23,92 %	−0,14 %

* Del 31 de marzo al 31 de diciembre.
** Del 1 de enero al 30 de septiembre.

Recapitulación

- Período: 31 de marzo de 2006-30 de septiembre de 2013.
- Rentabilidad media de la estrategia: 13,46 % anual.
- Rentabilidad de la referencia: 2,43 % anual.
- Ventaja respecto a la referencia: 11,03 % anual.
- Número de valores que batieron al mercado: 88 de 150 (58,7 % del total).
- Número de trimestres en que la estrategia batió al mercado: 20 de 30 (66,7 % del total).

Actualización de esta estrategia: la cartera Doble Consenso puede encontrarse actualizada en www.invertirlowcost.com.

Anexo 7. La cartera Doble Consenso

Estrategia basada en la ROCE y la plusvalía de 9 meses
(marzo 2006–septiembre 2013)

	Valor de 100 €	Rentabilidad media anual
Cartera Doble Consenso	257,8 €	13,46 %
Referencias		
IBEX-35	114,8 €	1,85 %
IBEX empresas	119,7 €	2,43 %

Valor de 100 €: indica en cuánto se habrían convertido, el 30 de septiembre de 2013, 100 euros invertidos el 31 de marzo de 2006.

Rentabilidad y ventaja trimestral de la cartera Doble Consenso

Trimestre	IBEX Empresas		Doble Consenso		Ventaja
31 marzo 2006		100,0 €		100,0 €	
abril-junio 2006	−2,7 %	97,3 €	−0,5 %	99,5 €	2,3 %
julio-septiembre 2006	11,9 %	108,8 €	5,1 %	104,6 €	−6,8 %
octubre-diciembre 2006	11,7 %	121,6 €	11,0 %	116,1 €	−0,8 %
enero-marzo 2007	7,0 %	130,1 €	15,6 %	134,2 €	8,6 %
abril-junio 2007	−0,7 %	129,1 €	3,6 %	139,0 €	4,3 %
julio-septiembre 2007	−3,6 %	124,5 €	−1,3 %	137,2 €	2,3 %
octubre-diciembre 2007	−1,9 %	122,1 €	3,5 %	141,9 €	5,4 %
enero-marzo 2008	−10,4 %	109,4 €	−4,0 %	136,2 €	6,4 %
abril-junio 2008	−8,4 %	100,3 €	1,2 %	137,9 €	9,6 %
julio-septiembre 2008	−13,3 %	87,0 €	−15,6 %	116,5 €	−2,3 %
octubre-diciembre 2008	−12,2 %	76,4 €	−12,5 %	101,9 €	−0,4 %
enero-marzo 2009	−13,6 %	66,0 €	−6,1 %	95,6 €	7,5 %
abril-junio 2009	30,8 %	86,4 €	17,8 %	112,6 €	−13,1 %
julio-septiembre 2009	20,4 %	104,0 €	21,9 %	137,3 €	1,5 %
octubre-diciembre 2009	0,5 %	104,5 €	6,6 %	146,3 €	6,1 %
enero-marzo 2010	−1,3 %	103,2 €	10,0 %	161,0 €	11,3 %
abril-junio 2010	−17,9 %	84,7 €	−17,6 %	132,7 €	0,4 %
julio-septiembre 2010	13,0 %	95,7 €	11,7 %	148,2 €	−1,4 %
octubre-diciembre 2010	3,4 %	99,0 €	7,5 %	159,4 €	4,1 %
enero-marzo 2011	13,1 %	112,0 €	3,8 %	165,4 €	−9,3 %
abril-junio 2011	−1,6 %	110,2 €	5,9 %	175,2 €	7,6 %
julio-septiembre 2011	−19,2 %	89,0 €	−9,6 %	158,4 €	9,7 %
octubre-diciembre 2011	3,8 %	92,4 €	4,8 %	166,0 €	1,0 %
enero-marzo 2012	−3,5 %	89,2 €	−2,3 %	162,2 €	1,2 %
abril-junio 2012	−10,7 %	79,7 €	6,4 %	172,5 €	17,1 %
julio-septiembre 2012	10,0 %	87,6 €	14,5 %	197,5 €	4,5 %
octubre-diciembre 2012	10,2 %	96,5 €	5,4 %	208,0 €	−4,8 %
enero-marzo 2013	0,8 %	97,3 €	5,5 %	219,4 €	4,6 %
abril-junio 2013	4,1 %	101,3 €	2,1 %	223,9 €	−2,1 %
julio-septiembre 2013	18,1 %	119,7 €	15,1 %	257,8 €	−3,0 %

Composición de la cartera Doble Consenso (1)

31 marzo 2006-30 junio 2006		30 junio 2006-30 septiembre 2006		30 septiembre 2006-31 diciembre 2006	
INDITEX	-3,55 %	INDITEX	13,49 %	INDITEX	11,02 %
ARCELOR	15,70 %	ARCELOR	15,55 %	ENDESA	6,80 %
ANTENA 3	-14,09 %	ANTENA 3	-9,69 %	FCC	22,54 %
TPI	-4,82 %	TPI	-1,18 %	IBERDROLA	-6,12 %
FCC	-2,70 %	FCC	7,40 %	GAMESA	20,66 %
Cartera	**-0,47 %**	**Cartera**	**5,11 %**	**Cartera**	**10,98 %**
31 diciembre 2006-31 marzo 2007		31 marzo 2007-30 junio 2007		30 junio 2007-30 septiembre 2007	
INDITEX	14,02 %	INDITEX	-5,93 %	GAS NATURAL	-10,90 %
ENDESA	14,37 %	ACERINOX	-4,25 %	ALTADIS	1,50 %
FCC	0,97 %	ENDESA	-0,67 %	GAMESA	6,11 %
GAMESA	29,98 %	GAMESA	0,41 %	REPSOL	-13,13 %
GAS NATURAL	18,44 %	GAS NATURAL	28,39 %	INDITEX	9,89 %
Cartera	**15,56 %**	**Cartera**	**3,59 %**	**Cartera**	**-1,30 %**
30 septiembre 2007-31 diciembre 2007		31 diciembre 2007-31 marzo 2008		31 marzo 2008-30 junio 2008	
ALTADIS	0,75 %	GRIFOLS	8,18 %	TELEFÓNICA	-5,05 %
GAS NATURAL	1,06 %	TELEFÓNICA	-18,09 %	GRIFOLS	22,71 %
INDITEX	-11,09 %	ALTADIS	0,58 %	INDRA	-9,43 %
GAMESA	11,62 %	GAS NATURAL	-1,02 %	TÉCNICAS R.	10,96 %
TELEFÓNICA	14,98 %	GAMESA	-9,63 %	U. FENOSA	-13,04 %
Cartera	**3,46 %**	**Cartera**	**-4,00 %**	**Cartera**	**1,23 %**
30 junio 2008-30 septiembre 2008		30 septiembre 2008-31 diciembre 2008		31 diciembre 2008-31 marzo 2009	
GRIFOLS	-11,29 %	GRIFOLS	-31,61 %	INDITEX	-6,32 %
TÉCNICAS R.	-43,00 %	INDRA	-3,52 %	INDRA	-10,32 %
REPSOL	-14,50 %	REPSOL	-27,75 %	U. FENOSA	3,10 %
INDRA	4,60 %	U. FENOSA	2,84 %	TELEFÓNICA	-5,24 %
ENAGÁS	-13,57 %	TELEFÓNICA	-2,62 %	GRIFOLS	-11,86 %
Cartera	**-15,55 %**	**Cartera**	**-12,53 %**	**Cartera**	**-6,13 %**

(Continúa.)

31 marzo 2009-30 junio 2009		30 junio 2009-30 septiembre 2009		30 septiembre 2009-31 diciembre 2009	
INDITEX	18,30 %	INDITEX	14,75 %	TÉCNICAS R.	7,41 %
INDRA	6,23 %	TÉCNICAS R.	13,02 %	OHL	5,46 %
TELEFÓNICA	10,65 %	TELECINCO	29,62 %	INDITEX	11,94 %
TELECINCO	44,06 %	TELEFÓNICA	16,97 %	TELEFÓNICA	6,18 %
REE	9,56 %	OHL	35,20 %	FERROVIAL	1,96 %
Cartera	**17,76 %**	**Cartera**	**21,91 %**	**Cartera**	**6,59 %**

Composición de la cartera Doble Consenso (2)

31 diciembre 2009-31 marzo 2010		31 marzo 2010-30 junio 2010		30 junio 2010-30 septiembre 2010	
TELECINCO	16,22 %	TELECINCO	-36,92 %	INDITEX	23,77 %
TÉCNICAS R.	17,64 %	INDITEX	-2,32 %	TÉCNICAS R.	5,91 %
OHL	13,29 %	TÉCNICAS R.	-19,31 %	TELECINCO	10,23 %
ENDESA	-9,52 %	OHL	-12,05 %	OHL	12,02 %
INDITEX	12,49 %	ENDESA	-17,30 %	EBRO	6,49 %
Cartera	**10,02 %**	**Cartera**	**-17,58 %**	**Cartera**	**11,68 %**
30 septiembre 2010-31 diciembre 2010		31 diciembre 2010-31 marzo 2011		31 marzo 2011-30 junio 2011	
INDITEX	-2,81 %	INDITEX	1,05 %	FERROVIAL	1,92 %
TÉCNICAS R.	21,79 %	TÉCNICAS R.	-9,53 %	REPSOL	-0,95 %
REPSOL	10,32 %	REPSOL	18,44 %	GRIFOLS	12,52 %
TELEFÓNICA	-3,00 %	EBRO	4,74 %	INDITEX	12,40 %
EBRO	11,32 %	TELEFÓNICA	4,10 %	REE	3,82 %
Cartera	**7,52 %**	**Cartera**	**3,76 %**	**Cartera**	**5,94 %**
30 junio 2011-30 septiembre 2011		30 septiembre 2011-31 diciembre 2011		31 diciembre 2011-31 marzo 2012	
GRIFOLS	1,45 %	INDITEX	-0,44 %	INDITEX	13,50 %
REPSOL	-14,35 %	FERROVIAL	10,83 %	FERROVIAL	-7,53 %
FERROVIAL	-1,49 %	REPSOL	18,82 %	REPSOL	-20,77 %
GAS NATURAL	-11,56 %	REE	-3,39 %	AMADEUS	12,90 %
ENDESA	-21,83 %	TELEFÓNICA	-1,87 %	GAS NATURAL	-9,72 %
Cartera	**-9,56 %**	**Cartera**	**4,79 %**	**Cartera**	**-2,32 %**

(Continúa.)

31 marzo 2012- 30 junio 2012		30 junio 2012- 30 septiembre 2012		30 septiembre 2012- 31 diciembre 2012	
DIA	−0,19 %	DIA	19,31 %	INDITEX	10,21 %
INDITEX	14,96 %	INDITEX	18,52 %	TÉCNICAS R.	−3,04 %
AMADEUS	18,02 %	AMADEUS	9,88 %	DIA	11,99 %
TÉCNICAS R.	5,30 %	TÉCNICAS R.	12,36 %	AMADEUS	5,07 %
REE	−6,21 %	REE	12,25 %	GRIFOLS	2,57 %
Cartera	**6,38 %**	**Cartera**	**14,46 %**	**Cartera**	**5,36 %**
31 diciembre 2012- 31 marzo 2013		31 marzo 2013- 30 junio 2013		30 junio 2013- 30 septiembre 2013	
INDITEX	−1,99 %	INDITEX	−7,21 %	AMADEUS	6,70 %
VISCOFAN	−4,45 %	VISCOFAN	−4,21 %	DIA	12,56 %
DIA	12,18 %	DIA	7,67 %	JAZZTEL	34,51 %
AMADEUS	11,94 %	AMADEUS	16,51 %	EBRO	6,84 %
GRIFOLS	9,73 %	GRIFOLS	−2,51 %	INDRA	14,98 %
Cartera	**5,48 %**	**Cartera**	**2,05 %**	**Cartera**	**15,12 %**

8

Para inversores pragmáticos

Virtudes y defectos del sentido práctico

Las personas pragmáticas son aquellas en las que su personalidad o experiencia influyen menos en sus juicios de valor.

Si a una persona se le muestra una estrategia que da buenos resultados y dice: «No puede ser porque la estrategia no tiene lógica», está claro que no es una persona pragmática. Una persona con sentido práctico diría algo como: «Si los resultados son buenos, la estrategia lo es».

Pensar así revela ausencia de prejuicios y una disposición a aceptar ideas nuevas. Pero las personas pragmáticas son las más proclives a acumular mal karma bursátil, tal como lo he definido en el apartado 4 de la primera parte. Con frecuencia, toman decisiones de inversión basándose únicamente en los resultados del año pasado y no en resultados consistentes a lo largo de un amplio período de tiempo. Ir tras el mejor resultado las lleva a cambiar continuamente de acciones, fondos de inversión o lo que sea, y a sufrir las consecuencias de la ley de la compensación.

Si es usted una persona con sentido práctico, intente encontrar un estilo de inversión pragmático que dé buenos resultados de modo consistente, en vez de cambiar de estilo en busca de esos resultados. El criterio de selección que presento a continuación va en esa dirección.

Un estilo de inversión pragmático

Probablemente, un inversor pragmático buscará un criterio de selección que sea sencillo y eficaz.

Hasta ahora hemos visto criterios individuales (el PER, la ROCE, la ROCE media y el *enterprise value* en relación con el beneficio de explotación, que podemos abreviar como EV/BE) o combinaciones de dos criterios (el PER y la deuda financiera, el EV/BE y la plusvalía de 9 meses, la ROCE y la plusvalía de 9 meses). El criterio que propongo ahora combina características de los anteriores: un criterio de valor, una medida de la rentabilidad empresarial y la evolución reciente del precio de las acciones.

Como criterio de valor he optado por el PER. El EV/BE serviría también, pero el PER es más directo y sencillo. Como medida de rentabilidad, he utilizado la rentabilidad sobre activos (ROA), que es el beneficio antes de impuestos dividido por el activo de la empresa. Podría haber usado la ROCE pero la ROA es más sencilla de calcular.

Para calcular la ROA necesitamos la cuenta de pérdidas y ganancias consolidada y el balance consolidado de la empresa. En la primera tenemos que tomar el beneficio o resultado antes de impuestos. En el segundo, el activo total. Si estamos consultando las cuentas del primer semestre, para tener los beneficios de los últimos doce meses tendremos que sumar el resultado antes de impuestos del segundo semestre del ejercicio anterior con el del primer semestre del ejercicio corriente.

A fin de reforzar el pragmatismo de esta estrategia, no se

exige que las empresas ocupen una posición mínima en ninguna de las clasificaciones. Solo importa la suma de las posiciones. Ahora bien, en caso de que dos o más empresas tengan la misma suma a partir de la quinta posición, se selecciona aquella con el menor PER, con objeto de seguir una pauta para mantener estable en cinco el número de valores de las carteras.

Este sistema de sumas supone, por ejemplo, que si una empresa ocupa uno de los últimos puestos en una de las clasificaciones y aun así sale seleccionada, es porque está entre los primeros puestos en las otras dos. Un procedimiento que no convencerá a buena parte de los inversores, pero sí a los espíritus pragmáticos mientras dé buenos resultados.

Esta estrategia dio una rentabilidad media del 11,81 % anual entre el 31 de marzo de 2006 y el 30 de septiembre de 2013, superando en un 9,38 % anual a la referencia del mercado. Aunque la forma de seleccionar los valores no sea muy ortodoxa, en el período considerado de siete años y medio permitió más que duplicar la inversión original y doblar lo que se hubiera obtenido con la rentabilidad del mercado.

Rentabilidad anual de la cartera Pragmática

En el cuadro siguiente, se puede ver que la cartera Pragmática solo tuvo pérdidas en 2008, y que fueron muy inferiores a las del mercado. También logró acabar los años 2010 y 2011 en positivo mientras que los índices de referencia tuvieron saldo negativo. Sin embargo, junto con la *Contrarian* es la cartera que presenta mayor variabilidad en las ventajas.

Año	Rentabilidad			
	IBEX-35	IBEX Empresas	Cartera Pragmática	Ventaja Pragmática
2006 (9 meses)*	22,36 %	21,60 %	28,26 %	**6,66 %**
2007	10,71 %	0,44 %	6,78 %	**6,34 %**
2008	−36,50 %	−37,43 %	−15,91 %	**21,52 %**
2009	38,27 %	36,81 %	23,43 %	−13,38 %
2010	−12,93 %	−5,26 %	6,75 %	**12,01 %**
2011	−7,75 %	−6,71 %	5,62 %	**12,33 %**
2012	2,78 %	4,45 %	24,47 %	**20,02 %**
2013 (9 meses)**	16,86 %	24,06 %	15,81 %	−8,25 %

Del 31 de marzo al 31 de diciembre.
**Del 1 de enero al 30 de septiembre.*

Recapitulación

- Período: 31 de marzo de 2006-30 de septiembre de 2013.
- Rentabilidad media de la estrategia: 11,81 % anual.
- Rentabilidad de la referencia: 2,43 % anual.
- Ventaja respecto a la referencia: 9,38 % anual.
- Número de valores que batieron al mercado: 83 de 150 (55,3 % del total).
- Número de trimestres en que la estrategia batió al mercado: 20 de 30 (66,7 % del total).

Anexo 8. La cartera Pragmática

**Estrategia basada en el PER, la ROA y la plusvalía de 9 meses
(marzo 2006–septiembre 2013)**

	Valor de 100 €	Rentabilidad media anual
Cartera Pragmática	231,0 €	11,81 %
Referencias		
IBEX-35	114,8 €	1,85 %
IBEX empresas	119,7 €	2,43 %

Valor de 100 €: indica en cuánto se habrían convertido, el 30 de septiembre de 2013, 100 euros invertidos el 31 de marzo de 2006.

Actualización de esta estrategia: la cartera Pragmática puede encontrarse actualizada en www.invertirlowcost.com.

Rentabilidad y ventaja trimestral de la cartera Pragmática

Trimestre	IBEX	Empresas	Pragmática		Ventaja
31 marzo 2006		100,0 €		100,0 €	
abril-junio 2006	−2,7 %	97,3 €	1,6 %	101,6 €	4,3 %
julio-septiembre 2006	11,9 %	108,8 €	10,8 %	112,6 €	−1,1 %
octubre-diciembre 2006	11,7 %	121,6 €	14,0 %	128,3 €	2,2 %
enero-marzo 2007	7,0 %	130,1 €	0,2 %	128,5 €	−6,8 %
abril-junio 2007	−0,7 %	129,1 €	8,2 %	139,1 €	8,9 %
julio-septiembre 2007	−3,6 %	124,5 €	−2,9 %	135,0 €	0,6 %
octubre-diciembre 2007	−1,9 %	122,1 €	1,5 %	137,0 €	3,4 %
enero-marzo 2008	−10,4 %	109,4 €	−8,7 %	125,0 €	1,7 %
abril-junio 2008	−8,4 %	100,3 €	−4,9 %	118,9 €	3,4 %
julio-septiembre 2008	−13,3 %	87,0 €	0,9 %	119,9 €	14,2 %
octubre-diciembre 2008	−12,2 %	76,4 €	−4,0 %	115,2 €	8,2 %
enero-marzo 2009	−13,6 %	66,0 €	−20,0 %	92,1 €	−6,4 %
abril-junio 2009	30,8 %	86,4 €	23,0 %	113,3 €	−7,8 %
julio-septiembre 2009	20,4 %	104,0 €	18,3 %	134,1 €	−2,1 %
octubre-diciembre 2009	0,5 %	104,5 €	6,0 %	142,1 €	5,5 %
enero-marzo 2010	−1,3 %	103,2 €	−1,7 %	139,8 €	−0,4 %
abril-junio 2010	−17,9 %	84,7 €	−7,7 %	129,0 €	10,2 %
julio-septiembre 2010	13,0 %	95,7 €	17,7 %	151,8 €	4,6 %
octubre-diciembre 2010	3,4 %	99,0 €	0,0 %	151,7 €	−3,5 %
enero-marzo 2011	13,1 %	112,0 €	13,6 %	172,4 €	0,5 %
abril-junio 2011	−1,6 %	110,2 €	0,7 %	173,5 €	2,3 %
julio-septiembre 2011	−19,2 %	89,0 €	−13,4 %	150,3 €	5,8 %
octubre-diciembre 2011	3,8 %	92,4 €	6,6 %	160,3 €	2,8 %
enero-marzo 2012	−3,5 %	89,2 €	−3,9 %	153,9 €	−0,5 %
abril-junio 2012	−10,7 %	79,7 €	6,9 %	164,5 €	17,6 %
julio-septiembre 2012	10,0 %	87,6 €	9,8 %	180,7 €	−0,2 %
octubre-diciembre 2012	10,2 %	96,5 €	10,4 %	199,5 €	0,2 %
enero-marzo 2013	0,8 %	97,3 €	2,8 %	205,0 €	1,9 %
abril-junio 2013	4,1 %	101,3 €	5,7 %	216,6 €	1,6 %
julio-septiembre 2013	18,1 %	119,7 €	6,6 %	231,0 €	−11,5 %

Composición de la cartera Pragmática (1)

31 marzo 2006-30 junio 2006		30 junio 2006-30 septiembre 2006		30 septiembre 2006-31 diciembre 2006	
ARCELOR	15,70 %	ARCELOR	15,55 %	ENDESA	6,80 %
ENDESA	2,06 %	ENDESA	27,42 %	METROVACESA	35,73 %
METROVACESA	0,71 %	ANTENA 3	−9,69 %	FCC	22,54 %
ANTENA 3	−14,09 %	TELECINCO	7,20 %	U. FENOSA	−6,92 %
INDITEX	3,55 %	INDITEX	13,49 %	REPSOL	11,63 %
Cartera	**1,59 %**	**Cartera**	**10,79 %**	**Cartera**	**13,96 %**
31 diciembre 2006-31 marzo 2007		**31 marzo 2007-30 junio 2007**		**30 junio 2007-30 septiembre 2007**	
ENDESA	14,37 %	ACERINOX	−4,25 %	ACCIONA	−4,83 %
METROVACESA	−25,44 %	ACCIONA	24,76 %	ACERINOX	17,14 %
REPSOL	−2,29 %	ENDESA	−0,67 %	REPSOL	−13,13 %
AGBAR	−3,96 %	GAS NATURAL	28,39 %	ACS	−16,42 %
GAS NATURAL	18,44 %	METROVACESA	−7,29 %	ENDESA	2,54 %
Cartera	**0,22 %**	**Cartera**	**8,19 %**	**Cartera**	**−2,94 %**
30 septiembre 2007-31 diciembre 2007		**31 diciembre 2007-31 marzo 2008**		**31 marzo 2008-30 junio 2008**	
ACCIONA	13,71 %	ACCIONA	−21,15 %	TELEFÓNICA	−5,05 %
ACERINOX	−19,76 %	TELEFÓNICA	−18,09 %	REPSOL	14,50 %
GAS NATURAL	1,06 %	ACERINOX	4,93 %	U. FENOSA	−13,04 %
TELEFÓNICA	14,98 %	REPSOL	−8,29 %	ACERINOX	−16,12 %
REPSOL	−2,67 %	GAS NATURAL	−1,02 %	ENAGÁS	−4,91 %
Cartera	**1,46 %**	**Cartera**	**−8,72 %**	**Cartera**	**−4,92 %**
30 junio 2008-30 septiembre 2008		**30 septiembre 2008-31 diciembre 2008**		**31 diciembre 2008-31 marzo 2009**	
REPSOL	−14,50 %	REPSOL	−27,75 %	ENDESA	−30,15 %
TELEFÓNICA	−0,53 %	TELEFÓNICA	−2,62 %	REPSOL	−13,68 %
TELECINCO	−11,58 %	U. FENOSA	2,84 %	TELEFÓNICA	−5,24 %
GRIFOLS	−11,29 %	ENDESA	11,20 %	TELECINCO	−30,86 %
U. FENOSA	42,41 %	INDRA	−3,52 %	IBERIA	−20,20 %
Cartera	**0,90 %**	**Cartera**	**−3,97 %**	**Cartera**	**−20,03 %**

(Continúa.)

31 marzo 2009- 30 junio 2009		30 junio 2009- 30 septiembre 2009		30 septiembre 2009- 31 diciembre 2009	
TELECINCO	44,06 %	TELECINCO	29,62 %	TÉCNICAS R.	7,41 %
TELEFÓNICA	10,65 %	ACS	2,05 %	OHL	5,46 %
INDITEX	18,30 %	BME	28,13 %	TELEFÓNICA	6,18 %
ACS	15,40 %	TELEFÓNICA	16,97 %	CRITERIA	-3,13 %
BME	26,74 %	INDITEX	14,75 %	ABENGOA	14,26 %
Cartera	23,03 %	Cartera	18,30 %	Cartera	6,04 %

Composición de la cartera Pragmática (2)

31 diciembre 2009- 31 marzo 2010		31 marzo 2010- 30 junio 2010		30 junio 2010- 30 septiembre 2010	
ENDESA	-9,52 %	ENDESA	-17,30 %	INDITEX	23,77 %
OHL	13,29 %	OHL	-12,05 %	ENDESA	15,25 %
GAS NATURAL	-7,08 %	INDITEX	-2,32 %	EBRO	6,49 %
TELEFÓNICA	-10,14 %	TELEFÓNICA	-9,32 %	ENAGÁS	23,70 %
ENAGÁS	5,18 %	EBRO	2,42 %	TELEFÓNICA	19,08 %
Cartera	-1,65 %	Cartera	-7,71 %	Cartera	17,66 %
30 septiembre 2010- 31 diciembre 2010		31 diciembre 2010- 31 marzo 2011		31 marzo 2011- 30 junio 2011	
CRITERIA	4,94 %	ENDESA	15,85 %	REPSOL	-0,95 %
TELEFÓNICA	-3,00 %	TELEFÓNICA	4,10 %	FERROVIAL	1,92 %
ENDESA	-1,73 %	CRITERIA	28,64 %	ENDESA	5,03 %
ENAGÁS	2,44 %	REPSOL	18,44 %	TELEFÓNICA	-0,31 %
INDITEX	-2,81 %	INDITEX	1,05 %	EBRO	-2,39 %
Cartera	-0,03 %	Cartera	13,62 %	Cartera	0,66 %
30 junio 2011- 30 septiembre 2011		30 septiembre 2011- 31 diciembre 2011		31 diciembre 2011- 31 marzo 2012	
REPSOL	-14,35 %	FERROVIAL	10,83 %	FERROVIAL	-7,53 %
ENDESA	-21,83 %	REPSOL	18,82 %	REPSOL	-20,77 %
FERROVIAL	-1,49 %	ENDESA	-9,06 %	AMADEUS	12,90 %
EBRO	-17,74 %	TELEFÓNICA	-1,87 %	EBRO	1,43 %
GAS NATURAL	-11,56 %	EBRO	14,46 %	ENDESA	-5,74 %
Cartera	-13,39 %	Cartera	6,63 %	Cartera	-3,94 %

(Continúa.)

31 marzo 2012-30 junio 2012		30 junio 2012-30 septiembre 2012		30 septiembre 2012-31 diciembre 2012	
AMADEUS	19,89 %	AMADEUS	12,36 %	ENDESA	12,84 %
ENAGÁS	−0,42 %	ENDESA	13,00 %	AMADEUS	5,07 %
FERROVIAL	6,21 %	IBERDROLA	−0,06 %	REE	1,10 %
INDITEX	14,96 %	ENAGÁS	11,56 %	INDITEX	10,21 %
REE	−6,21 %	REE	12,25 %	FERROVIAL	22,74 %
Cartera	**6,89 %**	**Cartera**	**9,82 %**	**Cartera**	**10,39 %**
31 diciembre 2012-31 marzo 2013		31 marzo 2013-30 junio 2013		30 junio 2013-30 septiembre 2013	
ENDESA	−2,28 %	OHL	4,53 %	OHL	7,23 %
AMADEUS	11,94 %	GAS NATURAL	12,17 %	GAS NATURAL	2,86 %
FERROVIAL	10,54 %	DIA	7,67 %	AMADEUS	6,70 %
INDITEX	−1,99 %	ENAGÁS	4,51 %	ENAGÁS	−0,95 %
VISCOFÁN	−4,45 %	ENDESA	−0,45 %	ENDESA	17,37 %
Cartera	**2,75 %**	**Cartera**	**5,69 %**	**Cartera**	**6,64 %**

9

Combinación de estrategias

Combinaciones duplicadas o equitativas

Las ocho estrategias que hemos visto se basan en criterios individuales o en combinaciones de criterios. Aquí lo que vamos a hacer es fusionar carteras obtenidas a partir de estrategias diferentes para obtener una nueva cartera, que tal vez mejore las originales en rentabilidad o riesgo. Veremos solo un caso de los muchos posibles.

Al combinar dos carteras, nos podemos encontrar valores comunes a ambas. Entonces podemos seguir dos procedimientos. En el primero, tratamos los valores comunes (cuando los haya) como si fueran dos valores, de modo que su ponderación en la cartera será el doble de la de los demás.

Por ejemplo, si tenemos dos carteras de cinco valores, y al fusionarlas no hay ningún valor común, tendremos una cartera de diez valores en la que cada uno ponderará un 10 % (esto quiere decir que invertimos el 10 % del capital en cada valor). Si hay un valor en común, tendremos una cartera de nueve valores diferentes. Pero podemos decidir darle a este valor una ponderación del 20 % y a los ocho restantes, del 10 % a cada uno. Si hay dos valores en común, la cartera combinada será de ocho valores, y podríamos dar a cada uno de los valores comunes una ponderación del 20 %, de modo que el 40 % de la cartera estaría distribuido en dos valores, y el 60 % restante quedaría repartido en los otros seis valores. Como los valores comunes ponderan el doble que los otros, diremos que se trata de una combinación duplicada.

Si lo que queremos es que todos los valores tengan la misma ponderación, tendremos que distribuir la cartera de forma uniforme. Así, si dos carteras de cinco valores tienen un valor en común, distribuiremos el capital a partes iguales entre nueve valores: un 11,11 % a cada uno. Si tenemos ocho valores, la ponderación de cada uno será del 12,50 %, y así sucesivamente. Como en este caso cada valor pondera lo mismo, se trata de una combinación equitativa.

A diferencia de las carteras de las ocho estrategias vistas hasta ahora, que siempre tenían el mismo número de valores, las que resultan de combinaciones de dos carteras tendrán un número variable de valores, en función de la cantidad de valores comunes a ambas.

Combinación de las carteras Contrapunto y Doble Consenso

La cartera Contrapunto es la que se basa en los criterios de la relación precio-beneficio y de la solvencia media. La cartera Doble Consenso, es la rentabilidad sobre el capital empleado y la plusvalía de las acciones en los últimos nueve meses.

En algunos trimestres, no hubo ningún valor en común, de modo que la cartera resultante de la combinación tuvo diez valores (los cinco de la cartera Contrapunto y los cinco de la Doble Consenso). En la mayoría de los trimestres, hubo uno o dos valores comunes. En tales casos, la cartera combinada tuvo nueve u ocho valores respectivamente. En solo una ocasión coincidieron en más de dos valores, y esa vez fueron cuatro. En general, ambas carteras coincidieron muy poco en su composición pero dieron una rentabilidad similar. Esto demuestra que es posible superar al mercado con carteras casi por completo diferentes entre sí.

¿Se trata de diferencias complementarias? Lo serán si al combinar ambas carteras surge otra que mejora las dos anteriores, ya sea en rentabilidad, estabilidad o ambas cosas.

Al hacerlo, obtenemos un par de resultados interesantes:

El primero hace referencia al número de trimestres con ventaja frente al mercado. En la estrategia Contrapunto ese número fue de 18, mientras que en la Doble Consenso fue de 20. En cambio, la combinación de ambas batió al mercado en 22 de los 30 trimestres.

Podríamos esperar que si una estrategia batió al mercado 18 veces y la otra 20 veces, la combinación resultaría ganadora en un número de veces entre 18 y 20. Pero lo que ocurrió fue que ambas se complementaron de tal modo que en algunos trimestres en los que una de las dos tuvo desventaja, esta fue compensada por una ventaja en la otra.

En segundo lugar, la rentabilidad de la cartera resultante es superior a la de las dos carteras por separado. ¿Cómo es posible? Es como si al mezclar agua fría con agua caliente obtuviéramos agua aún más caliente.

Antes de explicar este inesperado resultado, le haré una pregunta: ¿cuál es la media de 25 % y de –25 %?

¿De veras cree que es cero? Si usted tiene 100 euros y al cabo de un año gana un 25 %, tendrá 125. Pero si al año siguiente pierde un 25 %, ¿se quedará con los 100 euros del principio? No, se quedará con 93,75 euros. Porque el 25 % de 125 euros son 31,25 euros. El primer año habrá ganado 25 euros y el segundo año habrá perdido 31,25 euros. Habrá perdido más de lo que habrá ganado porque el 25 % de pérdida se habrá aplicado sobre una cantidad mayor que el 25 % de ganancia.

En la cartera combinada no hay ninguna pérdida trimestral superior al 15 % mientras que en las carteras originales hay tres en total. Por tanto, en los trimestres negativos se pierde una menor cantidad de la rentabilidad acumulada, lo que explica que la rentabilidad de la cartera combinada sea superior, y no una media, a la de cada cartera por separado.

Si lo que hacemos es una combinación duplicada, la rentabilidad de la cartera resultante es del 14,28 % anual. Pero si hacemos una combinación equitativa, en la que cada valor pondera lo mismo, la rentabilidad de la nueva cartera es aún mayor: del 15,25 % anual. En contra de lo que uno podría esperar, los valores comunes, o sea aquellos que cumplían ambos criterios de selección, se comportaron peor que los que solo cumplían uno de los criterios, de forma que fue preferible no darles una ponderación doble.

Podemos concluir que la cartera Contrapunto y la Doble Consenso tienen un alto grado de complementariedad. A la cartera resultante de la combinación de ambas la denominaremos «Fusión».

Rentabilidad anual de la cartera Fusión

El cuadro siguiente recoge la rentabilidad anual de la cartera Fusión y de las referencias del mercado. Esta cartera presentó ventaja en todos los períodos considerados, aunque en tres ocasiones por un escaso margen. Al igual que las carteras Doble Consenso y Pragmática, solo tuvo pérdidas en 2008.

Año	Rentabilidad			
	IBEX-35	IBEX Empresas	Cartera Fusión	Ventaja Fusión
2006 (9 meses)*	22,36 %	21,60 %	22,48 %	**0,88 %**
2007	10,71 %	0,44 %	16,17 %	**15,73 %**
2008	−36,50 %	−37,43 %	−16,93 %	**20,50 %**
2009	38,27 %	36,81 %	37,54 %	**0,74 %**
2010	−12,93 %	−5,26 %	5,81 %	**11,07 %**
2011	−7,75 %	−6,71 %	4,63 %	**11,34 %**
2012	2,78 %	4,45 %	28,58 %	**24,13 %**
2013 (9 meses)**	16,86 %	24,06 %	25,34 %	**1,28 %**

* Del 31 de marzo al 31 de diciembre.
** Del 1 de enero al 30 de septiembre.

Recapitulación

- Período: 31 de marzo de 2006-30 de septiembre de 2013.
- Rentabilidad media de la estrategia: 15,25 % anual.
- Rentabilidad de la referencia: 2,43 % anual.
- Ventaja respecto a la referencia: 12,82 % anual.
- Número de valores que batieron al mercado: 154 de 269 (57,2 % del total).
- Número de trimestres en que la estrategia batió al mercado: 22 de 30 (73,3 % del total).

Actualización de esta estrategia: la cartera Fusión, que resulta de la combinación de la Contrapunto y la Doble Consenso, puede encontrarse actualizada en www.invertirlowcost.com.

Anexo 9. La cartera Fusión Contrapunto-Doble Consenso

Combinación de la cartera Contrapunto con la Doble Consenso (marzo 2006–septiembre 2013)

	Valor de 100 €	Rentabilidad media anual	Trimestres con ventaja
Cartera Contrapunto	271,1 €	14,22 %	18
Cartera Doble Consenso	257,8 €	13,46 %	20
Combinación duplicada	272,1 €	14,28 %	22
Combinación equitativa	**290,0 €**	**15,25 %**	**22**
Referencias			
IBEX-35	114,8 €	1,85 %	
IBEX empresas	119,7 €	2,43 %	

Valor de 100 €: indica en cuánto se habrían convertido, el 30 de septiembre de 2013, 100 euros invertidos el 31 de marzo de 2006.

La combinación equitativa de las carteras Contrapunto y Doble Consenso da lugar a la cartera Fusión.

Rentabilidad y ventaja trimestral de la cartera Fusión

Trimestre	IBEX Empresas		Fusión		Ventaja
31 marzo 2006		100,0 €		100,0 €	
abril-junio 2006	−2,7 %	97,3 €	−0,1 %	99,9 €	2,6 %
julio-septiembre 2006	11,9 %	108,8 €	12,1 %	112,0 €	0,3 %
octubre-diciembre 2006	11,7 %	121,6 €	9,3 %	122,5 €	−2,4 %
enero-marzo 2007	7,0 %	130,1 €	9,2 %	133,7 €	2,2 %
abril-junio 2007	−0,7 %	129,1 €	3,0 %	137,8 €	3,8 %
julio-septiembre 2007	−3,6 %	124,5 €	2,4 %	141,2 €	6,0 %
octubre-diciembre 2007	−1,9 %	122,1 €	0,8 %	142,3 €	2,7 %
enero-marzo 2008	−10,4 %	109,4 €	−6,5 %	133,0 €	3,9 %
abril-junio 2008	−8,4 %	100,3 €	0,3 %	133,4 €	8,6 %
julio-septiembre 2008	−13,3 %	87,0 €	−6,3 %	125,0 €	7,0 %
octubre-diciembre 2008	−12,2 %	76,4 €	−5,4 %	118,2 €	6,8 %
enero-marzo 2009	−13,6 %	66,0 €	−14,9 %	100,6 €	−1,3 %
abril-junio 2009	30,8 %	86,4 €	29,4 %	130,2 €	−1,4 %
julio-septiembre 2009	20,4 %	104,0 €	19,7 %	155,8 €	−0,7 %
octubre-diciembre 2009	0,5 %	104,5 €	4,3 %	162,6 €	3,8 %
enero-marzo 2010	−1,3 %	103,2 €	3,4 %	168,1 €	4,7 %
abril-junio 2010	−17,9 %	84,7 €	−13,5 %	145,5 €	4,5 %
julio-septiembre 2010	13,0 %	95,7 €	12,2 %	163,3 €	−0,8 %
octubre-diciembre 2010	3,4 %	99,0 €	5,4 %	172,0 €	1,9 %
enero-marzo 2011	13,1 %	112,0 €	8,0 %	185,8 €	−5,0 %
abril-junio 2011	−1,6 %	110,2 €	5,9 %	196,7 €	7,5 %
julio-septiembre 2011	−19,2 %	89,0 €	−10,4 %	176,3 €	8,9 %
octubre-diciembre 2011	3,8 %	92,4 €	2,1 %	180,0 €	−1,7 %
enero-marzo 2012	−3,5 %	89,2 €	1,3 %	182,2 €	4,7 %
abril-junio 2012	−10,7 %	79,7 €	0,0 %	182,2 €	10,7 %
julio-septiembre 2012	10,0 %	87,6 €	12,2 %	204,4 €	2,2 %
octubre-diciembre 2012	10,2 %	96,5 €	13,2 %	231,4 €	3,1 %
enero-marzo 2013	0,8 %	97,3 €	5,8 %	244,8 €	4,9 %
abril-junio 2013	4,1 %	101,3 €	4,3 %	255,4 €	0,2 %
julio-septiembre 2013	18,1 %	119,7 €	13,6 %	290,0 €	−4,6 %

Composición de la cartera Fusión (1)

31 marzo 2006-30 junio 2006		30 junio 2006-30 septiembre 2006		30 septiembre 2006-1 diciembre 2006	
INDITEX	3,55 %	INDITEX	13,49 %	INDITEX	11,02 %
ARCELOR	15,70 %	ARCELOR	15,55 %	ENDESA	6,80 %
ANTENA 3	−14,09 %	ANTENA 3	−9,69 %	FCC	22,54 %
TPI	−4,82 %	TPI	−1,18 %	IBERDROLA	−6,12 %
FCC	−2,70 %	FCC	7,40 %	GAMESA	20,66 %
ENDESA	2,06 %	REPSOL	6,16 %	REPSOL	11,63 %
REPSOL	−4,48 %	ENDESA	27,42 %	TELEFÓNICA	20,12 %
GAS NATURAL	−0,08 %	U. FENOSA	34,56 %	U. FENOSA	−6,92 %
TELEFÓNICA	2,47 %	GAS NATURAL	22,66 %	GAS NATURAL	4,31 %
ALTADIS	1,38 %	TELEFÓNICA	4,99 %		
Cartera	**−0,10 %**	**Cartera**	**12,14 %**	**Cartera**	**9,34 %**

31 diciembre 2006-31 mar 2007		31 marzo 2007-30 junio 2007		30 junio 2007-30 septiembre 2007	
INDITEX	14,02 %	INDITEX	−5,93 %	GAS NATURAL	−10,90 %
ENDESA	14,37 %	ACERINOX	−4,25 %	ALTADIS	1,50 %
FCC	0,97 %	ENDESA	−0,67 %	GAMESA	6,11 %
GAMESA	29,98 %	GAMESA	0,41 %	REPSOL	−13,13 %
GAS NATURAL	18,44 %	GAS NATURAL	28,39 %	INDITEX	9,89 %
REPSOL	−2,29 %	TELEFÓNICA	2,06 %	ACERINOX	17,14 %
U. FENOSA	8,75 %	FCC	−13,00 %	TELEFÓNICA	18,68 %
AGBAR	−3,96 %	IBERDROLA	17,29 %	ENDESA	2,54 %
TELEFÓNICA	2,36 %			FCC	−13,67 %
				U. FENOSA	6,23 %
Cartera	**9,18 %**	**Cartera**	**3,04 %**	**Cartera**	**2,44 %**

(Continúa.)

30 septiembre 2007-31 diciembre 2007		31 diciembre 2007-31 marzo 2008		31 marzo 2008-30 septiembre 2008	
ALTADIS	0,75 %	GRIFOLS	8,18 %	TELEFÓNICA	−5,05 %
GAS NATURAL	1,06 %	TELEFÓNICA	−18,09 %	GRIFOLS	22,71 %
INDITEX	−11,09 %	ALTADIS	0,58 %	INDRA	−9,43 %
GAMESA	11,62 %	GAS NATURAL	−1,02 %	TÉCNICAS R.	10,96 %
TELEFÓNICA	14,98 %	GAMESA	−9,63 %	U. FENOSA	−13,04 %
FCC	−9,43 %	FCC	−16,79 %	ACS	−11,53 %
REPSOL	−2,67 %	REPSOL	−8,29 %	REPSOL	14,50 %
U. FENOSA	11,35 %	ENDESA	−7,24 %	ENDESA	−6,86 %
ENDESA	−9,33 %	U. FENOSA	−6,52 %		
Cartera	**0,80 %**	**Cartera**	**−6,53 %**	**Cartera**	**0,28 %**

Composición de la cartera Fusión (2)

30 junio 2008-30 septiembre 2008		30 septiembre 2008-31 diciembre 2008		31 diciembre 2008-31 marzo 2009	
GRIFOLS	−11,29 %	GRIFOLS	−31,61 %	INDITEX	−−6,32 %
TÉCNICAS R.	−43,00 %	INDRA	−3,52 %	INDRA	−10,32 %
REPSOL	−14,50 %	REPSOL	−27,75 %	U. FENOSA	3,10 %
INDRA	4,60 %	U. FENOSA	2,84 %	TELEFÓNICA	−5,24 %
ENAGÁS	−13,57 %	TELEFÓNICA	−2,62 %	GRIFOLS	−11,86 %
FCC	−13,14 %	ENDESA	11,20 %	ENDESA	−30,15 %
ACS	−7,65 %	ACS	14,68 %	REPSOL	−13,68 %
TELEFÓNICA	−0,53 %	IBERDROLA	−6,58 %	GAS NATURAL	−35,28 %
U. FENOSA	42,41 %			GAMESA	−24,18 %
Cartera	**−6,30 %**	**Cartera**	**−5,42 %**	**Cartera**	**−14,88 %**

(Continúa.)

31 marzo 2009- 30 junio 2009		30 junio 2009- 30 septiembre 2009		30 septiembre 2009- 31 diciembre 2009	
INDITEX	18,30 %	INDITEX	14,75 %	TÉCNICAS R.	7,41 %
INDRA	6,23 %	TÉCNICAS R.	13,02 %	OHL	5,46 %
TELEFÓNICA	10,65 %	TELECINCO	29,62 %	INDITEX	11,94 %
TELECINCO	44,06 %	TELEFÓNICA	16,97 %	TELEFÓNICA	6,18 %
REE	9,56 %	OHL	35,20 %	FERROVIAL	1,96 %
ENDESA	21,16 %	ENDESA	32,36 %	ACCIONA	−2,04 %
OHL	115,13 %	MITTAL	12,84 %	ACS	−2,33 %
GAS NATURAL	26,04 %	GAS NATURAL	20,28 %	ENDESA	6,02 %
REPSOL	27,42 %	ACS	2,05 %		
ACS	15,40 %	REPSOL	19,92 %		
Cartera	**29,40 %**	**Cartera**	**19,70 %**	**Cartera**	**4,32 %**
31 diciembre 2009- 31 marzo 2010		31 marzo 2010- 30 junio 2010		30 junio 2010- 30 septiembre 2010	
TELECINCO	16,22 %	TELECINCO	−36,92 %	INDITEX	23,77 %
TÉCNICAS R.	17,64 %	INDITEX	−2,32 %	TÉCNICAS R.	5,91 %
OHL	13,29 %	TÉCNICAS R.	−19,31 %	TELECINCO	10,23 %
ENDESA	−9,52 %	OHL	−12,05 %	OHL	12,02 %
INDITEX	12,49 %	ENDESA	−17,30 %	EBRO	6,49 %
ACCIONA	−8,69 %	GAS NATURAL	−12,95 %	ENDESA	15,25 %
TELEFÓNICA	−10,14 %	TELEFÓNICA	−9,32 %	GAS NATURAL	−4,37 %
IBERDROLA	−4,05 %	EBRO	2,42 %	IBERDROLA	21,83 %
				TELEFÓNICA	19,08 %
Cartera	**3,40 %**	**Cartera**	**−13,47 %**	**Cartera**	**12,24 %**

Composición de la cartera Fusión (3)

30 septiembre 2010-31 diciembre 2010		31 diciembre 2010-31 marzo 2011		31 marzo 2011-30 junio 2011	
INDITEX	−2,81 %	INDITEX	1,05 %	FERROVIAL	1,92 %
TÉCNICAS R.	21,79 %	TÉCNICAS R.	−9,53 %	REPSOL	−0,95 %
REPSOL	10,32 %	REPSOL	18,44 %	GRIFOLS	12,52 %
TELEFÓNICA	−3,00 %	EBRO	4,74 %	INDITEX	12,40 %
EBRO	11,32 %	TELEFÓNICA	4,10 %	REE	3,82 %
ENDESA	−1,73 %	ENDESA	15,85 %	ENDESA	5,03 %
GAS NATURAL	5,03 %	GAS NATURAL	18,47 %	TELEFÓNICA	−0,31 %
ENAGÁS	2,44 %	ENAGÁS	6,77 %	GAS NATURAL	12,45 %
IBERDROLA	4,80 %	OHL	12,44 %		
Cartera	**5,35 %**	**Cartera**	**8,04 %**	**Cartera**	**5,86 %**
30 junio 2011-30 septiembre 2011		30 septiembre 2011-31 diciembre 2011		31 diciembre 2011-31 marzo 2012	
GRIFOLS	1,45 %	INDITEX	−0,44 %	INDITEX	13,50 %
REPSOL	−14,35 %	FERROVIAL	10,83 %	FERROVIAL	−7,53 %
FERROVIAL	−1,49 %	REPSOL	18,82 %	REPSOL	−20,77 %
GAS NATURAL	−11,56 %	REE	−3,39 %	AMADEUS	12,90 %
ENDESA	−21,83 %	TELEFÓNICA	−1,87 %	GAS NATURAL	−9,72 %
TELEFÓNICA	−14,41 %	IAG	−2,25 %	ENDESA	−5,74 %
		ENDESA	−9,06 %	IBERIA	24,08 %
		AMADEUS	3,90 %	TELEFÓNICA	−8,25 %
				AMADEUS	12,90 %
Cartera	**−10,37 %**	**Cartera**	**2,07 %**	**Cartera**	**1,26 %**

(Continúa.)

31 marzo 2012-30 junio 2012		30 junio 2012-30 septiembre 2012		30 septiembre 2012-31 diciembre 2012	
DIA	−0,19 %	DIA	19,31 %	INDITEX	10,21 %
INDITEX	14,96 %	INDITEX	18,52 %	TÉCNICAS R.	−3,04 %
AMADEUS	18,02 %	AMADEUS	9,88 %	DIA	11,99 %
TÉCNICAS R.	5,30 %	TÉCNICAS R.	12,36 %	AMADEUS	5,07 %
REE	−6,21 %	REE	12,25 %	GRIFOLS	2,57 %
IAG	−8,57 %	IAG	−5,22 %	OHL	22,28 %
ENDESA	−7,40 %	GAMESA	16,11 %	IBERDROLA	18,76 %
GAS NATURAL	−15,65 %	GAS NATURAL	9,01 %	GAS NATURAL	23,29 %
ENAGÁS	−0,42 %	OHL	10,12 %	INDRA	32,89 %
		REPSOL	19,38 %	ENAGÁS	8,18 %
Cartera	**−0,02 %**	**Cartera**	**12,17 %**	**Cartera**	**13,22 %**

Composición de la cartera Fusión (4)

31 diciembre 2012-31 marzo 2013		31 marzo 2013-30 junio 2013		30 junio 2013-30 septiembre 2013	
OHL	16,81 %	OHL	4,53 %	ENDESA	17,37 %
IBERDROLA	−9,88 %	IBERDROLA	11,64 %	IBERDROLA	9,89 %
REPSOL	6,48 %	REPSOL	5,08 %	REPSOL	13,08 %
ENAGÁS	12,55 %	ENDESA	−0,45 %	GAS NATURAL	2,86 %
GAS NATURAL	4,57 %	GAS NATURAL	12,17 %	TELEFÓNICA	16,91 %
INDITEX	−1,99 %	INDITEX	−7,21 %	AMADEUS	6,70 %
VISCOFAN	−4,45 %	VISCOFAN	−4,21 %	DIA	12,56 %
DIA	12,18 %	DIA	7,67 %	JAZZTEL	34,51 %
AMADEUS	11,94 %	AMADEUS	16,51 %	EBRO	6,84 %
GRIFOLS	9,73 %	GRIFOLS	−2,51 %	INDRA	14,98 %
Cartera	**5,79 %**	**Cartera**	**4,32 %**	**Cartera**	**13,57 %**

Una reflexión final: más vale saber que se corre un riesgo que creerse a salvo

Un día, un matrimonio suizo que vivía junto a la falda de una montaña, se enteró de que su casa estaba expuesta a las avalanchas y decidió venderla. Entonces se trasladó a otro valle y compró otra casa, no sin antes asegurarse bien de que estaría completamente libre de peligro. Pero un año particularmente intenso en nevadas una avalancha cayó por la ladera que era considerada segura y sepultó su casa. El problema no fue solo el alud sino la seguridad de que allí no pasaría nada: nadie advirtió a la pareja de que desalojara su casa y esta se convirtió en su tumba. Es un hecho real que ocurrió en 1999.

Algo parecido pasa en la Bolsa, pero de forma más cotidiana. Durante la crisis financiera, algunos inversores acertaron al evitar los valores financieros pero se equivocaron al refugiarse en empresas supuestamente seguras como las energéticas.

Una cartera compuesta por los siete valores con menor PER de entre los 35 valores del IBEX habría producido una rentabilidad media del 5,86 % anual entre el 31 de marzo de 2006 y el 31 de marzo de 2012. Un inversor que hubiera decidido no comprar entidades financieras en todo el período y hubiese eliminado esos valores de la selección, habría obtenido una rentabilidad solo algo superior, del 6,06 % anual.

31 de marzo de 2006–31 de marzo de 2012	Rentabilidad anual
IBEX-35	−1,66 %
Media 35 valores	−3,11 %
7 valores menor PER	5,86 %
7 valores menor PER sin valores financieros	6,06 %
7 valores menor PER sin inmobiliarias ni constructoras	5,72 %
7 valores menor PER sin energía	7,55 %
Sustituir valores financieros por otros hasta llegar a 7 valores	2,00 %

Otro inversor que hubiese previsto la crisis inmobiliaria y de la construcción y hubiese eliminado de la cartera seleccionada los valores relacionados con ambos sectores, habría obtenido una rentabilidad media del 5,72 % anual, prácticamente la misma que si no lo hubiera hecho.

La explicación de estas paradojas radica principalmente en dos factores: el primero es que a medida que los resultados de bancos y constructoras se iban deteriorando, aumentaba su PER, de forma que iban saliendo de la selección. En segundo lugar, cuando su precio caía desproporcionadamente en relación a la caída de sus beneficios, volvían a recuperar posiciones en la clasificación del PER, entraban de nuevo en la selección y en muchos casos experimentaban revalorizaciones espectaculares.

Pero si el inversor que no quería bancos hubiese deseado tener siempre una cartera de siete valores y hubiese sustituido cada banco por el siguiente valor no financiero en la clasificación del PER, su rentabilidad media hubiese sido significativamente inferior, del 2 % anual. Esto significa que la mayoría de las veces en que hubiese cambiado un valor financiero por uno de otro sector, habría elegido un valor con peor comportamiento. Al evitar un riesgo, corrió otro mayor.

Esta caída de la rentabilidad se debe a que en varios semestres la mayoría de los bancos se encontraban entre los más baratos por PER, de modo que al evitarlos todos había que bajar bastantes posiciones en la clasificación hasta dar con un valor no bancario, de manera que el PER medio de la cartera se incrementaba significativamente.

Lo más sorprendente es lo siguiente: un inversor que se hubiera basado en el criterio del PER y que hubiese actuado de forma algo temeraria eliminando un sector considerado seguro como el de la energía (electricidad, gas y petróleo), incrementando con ello su exposición a los sectores financiero, constructor e inmobiliario, habría obtenido una rentabilidad superior a la de los casos anteriores: un 7,55 % anual.

Esto tiene una explicación sencilla. Los valores relacionados con la energía también cayeron con fuerza en los peores años del período y no sirvieron de refugio en una crisis que se cebó en la banca y la construcción. Por otro lado, eliminar los valores energéticos hubiera incrementado la proporción del capital invertida en los valores que en algunos semestres experimentaron las mayores recuperaciones.

Visítenos en la web:

www.empresaactiva.com